中国富锶食品发展报告

韩 娟 郭燕枝 著

中国轻工业出版社

图书在版编目（CIP）数据

中国富锶食品发展报告 / 韩娟，郭燕枝著. —北京：中国轻工业出版社，2022.10

ISBN 978-7-5184-4021-4

Ⅰ.①中⋯ Ⅱ.①韩⋯ ②郭⋯ Ⅲ.①锶—保健食品—食品工业—产业发展—研究报告—中国 Ⅳ.① F426.82

中国版本图书馆 CIP 数据核字（2022）第 100136 号

责任编辑：张　靓　王宝瑶　　责任终审：李建华　　整体设计：锋尚设计
策划编辑：张　靓　　　　　　责任校对：宋绿叶　　责任监印：张　可

出版发行：中国轻工业出版社（北京东长安街6号，邮编：100740）
印　　刷：艺堂印刷（天津）有限公司
经　　销：各地新华书店
版　　次：2022年10月第1版第1次印刷
开　　本：787×1092　1/16　印张：7.5
字　　数：150千字
书　　号：ISBN 978-7-5184-4021-4　定价：138.00元

邮购电话：010-65241695
发行电话：010-85119835　传真：85113293
网　　址：http://www.chlip.com.cn
Email：club@chlip.com.cn
如发现图书残缺请与我社邮购联系调换
220374K1X101ZBW

前　言

党的十九大报告指出中国特色社会主义进入新时代，我国社会主要矛盾已经转化为人民日益增长的美好生活需要和不平衡、不充分的发展之间的矛盾。一方面，民以食为天，在对美好生活的需求中，人们对优质农产品与食品的需求毫无疑义地排在前列。随着我国农业生产力的不断提高，城乡居民膳食和营养状况有了明显改善，人们对营养和健康的认知越来越深；同时消费群体升级，消费需求改变，人们对食物品质更加注重。因此，《中国食物与营养发展纲要（2014—2020年）》指出，要更加注重食物品质和质量安全，提高优质食物比重；《"健康中国2030"规划纲要》指出要深入开展食物（农产品、食品）营养功能评价研究。乡村振兴战略是新时代"三农"工作的总抓手，中央农村工作领导小组在2022年召开的会议中明确提出要聚焦产业促进乡村发展，大力发展县域富民产业，推进农业农村绿色发展，让农民分享到更多农业产业链的增值收益。

另一方面，我国农村居民营养状况不容乐观，高血压、糖尿病、高血脂、心血管疾病等慢性疾病严重威胁居民健康。农村居民因病返贫、因病致贫现象时有发生，同时老龄化、亚健康、生育率降低等问题也在农村地区蔓延。这些都给乡村全面振兴带来不利影响。

锶（Sr）作为人体骨骼和牙齿的重要组成部分，是人体维持生命健康的必需微量元素之一，与人类健康息息相关。锶的重要功效：一是促进钙的吸收，有效预防骨质疏松；二是促进多余钠的排泄，预防心血管疾病；三是改变情绪障碍患者的大脑皮质水平，缓解抑郁症；四是促进生殖健康，提高精子活力，改善生殖能力……富锶产业作为带动乡村产业发展和区域经济提升的重要引擎，富锶资源在全国的分布情况却是空白，农产品锶含量水平不清，监测普查数据缺乏，以富锶产业来带动农业高质量发展的基础薄弱。为此，中国农业科学院组织专家团队，与山东省淄博市共同开展富锶特色农产品研究，为当地农业高质量发展、区域品牌建设、乡村产业发展开创崭新局面。

本书共分为七章。第一章从锶元素的发现、锶在地球环境和人体中的分布情况，以及人体每日膳食锶摄入的情况等出发，梳理了国内外关于锶作为人体必需微量元素的研究进展，综述了锶的健康功效；第二章介绍了锶的摄入量风险评估及锶的毒理学研究进展，总结了锶的安全性评价；第三章对世界锶矿和世界锶水的分布进行梳理，概述了世界锶资源的分布情况；第四章对世界锶产品（包括食品和药品）的研发现状及进展进行了综述；第五章、第六章、第七章，对我国锶资源的分布情况、锶产品开发概况以及锶产业的发展现状及存在问题进行了总体梳理，并结合中华人民共和国农业农村部食物与营养发展研究所在山东省淄博市开展锶产业与乡村振兴项目的案例，对我国锶产业发展趋势进行了展望，并提出相关政策建议。

我国富锶产业的研究和开发尽管刚刚起步，却具有非常可观的发展前景。梳理当前国内外的富锶产业相关研究进展，能为后续工作提供助力。

本书著作过程中查阅近百篇相关文献，并对国内外富锶产业发展进行了调研，同时咨询了多位相关领域专家，通过科学的梳理总结将相关内容归纳成书，书中若有遗漏或错误，敬请批评斧正。

著 者

目 录

第一章 ◆ **锶的健康功效**   1
    第一节   锶的简介   2
    第二节   锶的生理功效   10
        一、锶与骨健康   10
        二、锶与生殖健康   21
        三、锶与心血管健康   27
        四、锶与精神健康   30
        五、锶的其他功能   33

第二章 ◆ **锶的安全评价**   37
    第一节   锶的摄入量风险评估研究进展   38
    第二节   锶的毒理学研究进展   42

第三章 ◆ **世界锶资源的分布情况**   45
    第一节   世界锶矿的分布   46
    第二节   世界锶水的分布   49

第四章 ◆ **世界锶产品概况**   51
    第一节   锶的产品研发现状及进展   52
    第二节   锶的药物研发现状及进展   54

第五章 ◆ 中国锶资源的分布情况	61
第一节　我国主要锶成矿带分布及其特点	62
第二节　我国锶型矿泉水资源分布及其特点	66

第六章 ◆ 中国锶产品开发	73
第一节　中国锶产品的种类	74
第二节　中国富锶产品的发展现状及存在问题	80
第三节　锶产业与乡村振兴	85
一、山东沂源水土锶资源监测调查情况	85
二、沂源县农产品锶含量监测调查情况	90
三、"沂源红"富锶苹果产业提升及品牌打造	93

第七章 ◆ 中国锶产业发展趋势展望	99
第一节　加强锶产业基础研究	100
第二节　加速锶产业技术创新	101
第三节　加快锶产业标准化推进	102
第四节　加大锶产业政策支持	103

参考文献　　104

第一章 锶的健康功效

◆ 锶的简介

◆ 锶的生理功效

第一节　锶的简介

1790年，爱丁堡医生阿代尔·克劳福德（Adair Crawford）从苏格兰阿盖尔郡苏纳特海岸的铅矿中发现了菱锶矿（$SrCO_3$）；1793年9月，马丁·海因里希·克拉普罗特（Martin Heinrich Klaproth）在德国成功制取氧化锶和氢氧化锶；同年11月，爱丁堡大学化学教授托马斯·查尔斯·霍普（Thomas Charles Hope）对锶做了更全面的研究，并证明锶是一个新的元素，且这个新元素可以使蜡烛的烛火变红。直到1808年，金属锶才被任职于伦敦英国皇家学院的汉弗莱·戴维（Humphy Davy）通过电解法提炼出来。最终，该元素依据苏格兰一个小镇的名字被命名为"Strontium"。图1-1所示为发现锶元素的四位化学家。

2019年，天文学家发现中子星宇宙级碰撞的爆炸中也会产生元素"锶"，认为锶是古老且与生命形成相关的重要元素。20世纪70年代，科学家对锶是否是人体必需微量

阿代尔·克劳福德
(Adair Crawfod)

马丁·海因里希·克拉普罗特
(Martin Heinrich Klaproth)

托马斯·查尔斯·霍普
(Thomas Charles Hope)

汉弗莱·戴维
(Humphy Davy)

图1-1 发现锶元素的四位化学家

元素开展了大量的研究。

必需微量元素法则如下。

(1) 该元素必须在地壳中普遍存在且数量足以提供相当均匀的暴露，存在于所有生物体中。

（2）该元素的化学性质必须与某些生理或结构功能相适应。

（3）该元素的原子序数应属于现在已知对生命或健康至关重要的原子序数，即1~53。

（4）该元素能够通过胎盘和乳腺屏障，满足新生儿期的需求量。

（5）人体不同组织中该元素浓度在整个生命过程中维持稳定，且会由于饮食不足而下降。

（6）该元素对所有生命形式的毒性必须低。

（7）在哺乳动物中具有生物活性及重要功能。

锶满足上述全部标准，被确定为人体必需微量元素之一。人体不同器官和组织中都含有锶，但锶的分布和含量差异很大，如表1-1所示。世界不同国家和地区的人体骨骼锶含量分布也存在差异（表1-2）。

人体所有的组织都含有锶。正常成人体内含锶约为320mg，绝大部分（99%以上）分布在骨骼和牙齿内，骨化旺盛部分（如骨折处）锶的聚集较多。正常人体全血锶含量为39μg/L，血清锶含量46μg/L，头发中锶含量约为3.9μg/g。锶从呼吸道和皮肤吸收的机会较少，主要经口摄入，经消化

表 1-1　锶在人体不同器官和组织中的分布及含量

器官或组织	器官（或组织）质量/g	锶含量 中值/mg	锶含量 80% 浮动范围/mg
肌肉	28000	0.42	0.092 ~ 1.5
脂肪	12500	0.32	0.18 ~ 0.90
骨骼	10000	320.0	170 ~ 560
血液	5500	0.18	—
皮肤	4900	0.34	0.14 ~ 0.53
结缔组织	2000	1.0	—
肝脏	1800	0.032	0.016 ~ 0.094
大脑	1400	0.034	0.028 ~ 0.18
胃肠道	1200	0.19	0.052 ~ 0.48
肺	1000	0.057	0.028 ~ 0.11
心脏	330	0.008	0.004 ~ 0.023
肾脏	310	0.018	0.009 ~ 0.04
脾脏	180	0.005	0.003 ~ 0.014
胰腺	100	0.004	0.002 ~ 0.010
其他器官	760	0.80*	—
以上合计*	70000	323	—
软组织	60000	3.3	—

注：*为估算值。
（资料来源：TIPTON。一些组织的数值浮动范围没有计算。）

道吸收，口服后大部分经肠道随粪便排出，少部分随尿排出，也可通过乳汁排出供给婴儿。人体最重要的三种碱土金属元素镁、钙、锶在人体中的比例和浓度分布见表1-3。

锶在人体中发挥着重要的作用。一是促进骨骼与牙齿健康生长，预防和治疗骨质疏松；二是减少人体对钠的吸收，

表1-2 锶在人体骨骼中的含量

人群类别	样本数	中值	95%的置信区间	均值标准差
美国成年人	91	110	110~120	120±5.1
近东地区成年人	19	130	110~120	150±16
远东地区成年人	52	190[1][2]	180~230	210±9.2[2]
美国儿童	21	96	71~230	120±10.7
近东地区儿童	4	210	120~280	210±39
远东地区儿童	3	320[3]	250~430	330±53[2]

注：[1]与近东地区 t 检验不同，$P<0.025$。
[2]与美国不同，$P<0.001$。
[3]与美国不同，根据置信区间，$P<0.05$。
美国女性肋骨中的锶含量高于男性（$P=0.04$），但钙含量没有差异。

表1-3 三种重要碱土金属在人体中的比例和浓度分布

元素	原子数	相对原子质量	人体中的质量分数/%	血浓度/（mg/mL）	骨骼浓度/（g/kg）	尿浓度/（mg/L）
镁（Mg）	12	24.32	0.027	23	1.22	50~100
钙（Ca）	20	40.08	1.4	90	223~243	100~200
锶（Sr）	38	87.63	0.00044	0.05	0.10~0.12	0.047~0.166

（资料来源：Bryant *et al.*, Strontium in diet. Management of undescended testis, 1958, 1371-1375.）

增加钠的排泄，预防高血压、心血管疾病；三是影响男性精子活性，促进生殖健康；四是促进皮肤新陈代谢，同时提高皮肤抗氧化能力及免疫能力，起到防衰老、养颜美容的作用；五是有助于肾脏细胞的修复与增殖，促进肝脏细胞增殖……此外，锶还与精神抑郁、阿尔茨海默症、癌症等疾病发病相关。缺乏锶会影响人体健康，引起代谢紊乱，同时出现肢体乏力、出虚汗，牙齿骨处溃疡，骨骼发育迟缓和骨质疏松等严重后果。有研究显示，不同生理状态下，人体锶含量会发生很大变化，至少有34种疾病与体内锶含量显著降低有关。图1-2中总结了一些锶在人体中的重要生理功能。

图1-2 锶在人体中的一些重要生理功能

人体每天的膳食锶摄入量约为2.0mg。饮食是人类摄取锶的主要途径,此外还有少量锶通过皮肤和肺进入体内。一般人体每日锶平衡如下:食物与液体(主要是蔬菜、谷物和乳制品)摄入1.9mg,尿液分泌0.34mg,粪便排泄1.5mg,汗腺分泌0.02mg,头发脱落0.2×10^{-3}mg。从正常的人类饮食中摄入的锶99%沉积在骨骼中,骨骼中约0.035%的钙被锶替代。食物中,蔬菜、海鲜和谷类锶含量较高。处于饮用水中锶浓度测量范围高端的地区,锶摄入量可能会明显较高。在土壤中锶浓度较高的地区,食用植物对每日锶摄入的贡献也可能大大增加。此外,真菌中的酵母菌(*Kluyveromyces fragilis*)对锶也具有较好的富集效果;原核类的微球菌(*Micrococcus luteus*,*Bacillu*s)和脱氮硫杆菌可以耐受较高的锶浓度。

在中国标准人体的锶摄入量研究中发现,中国人从食物中摄取的锶普遍不足,平均摄入量仅为国际辐射防护委员会参考人推荐值的44%(0.83mg/d∶1.9mg/d)。且不同食物对成人每日膳食锶贡献率也不同(图1-3)。

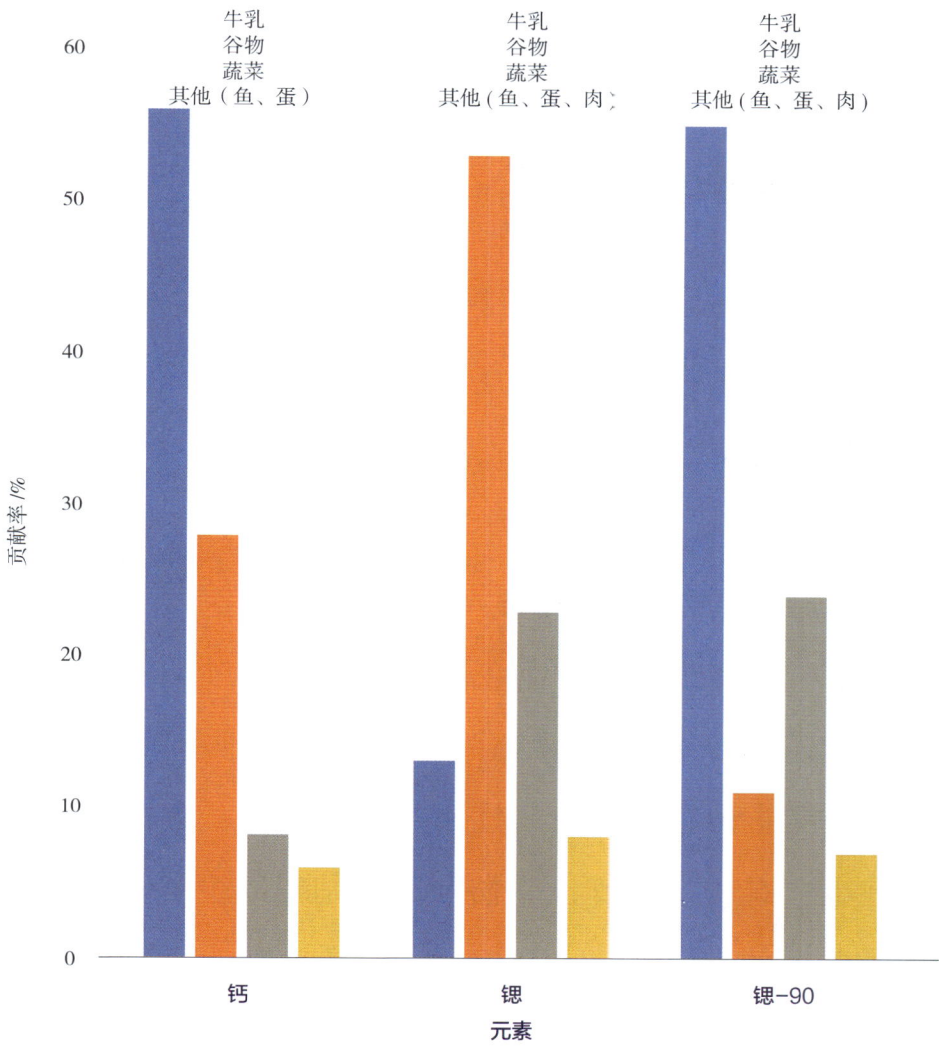

图 1-3　不同食物对成人每日膳食锶的贡献

（资料来源：Bryant *et al.*，Strontium in diet. Management of un-descended testis，1958，1371-1375.）

第二节　锶的生理功效

一、锶与骨健康

1. 锶是骨骼的组成元素

骨骼中含有锶，且骨骼在形成和发育的过程中不能缺少锶。人体中99%的锶存在于骨骼中，与钙协同作用支撑骨骼的功能。锶在人体内的代谢与钙极相似，含钙较丰富的器官也含有较多的锶，骨骼和牙齿是锶的主要储存地。锶在骨骼中的正常浓度为360mg/kg，是骨骼、牙齿正常钙化时不可缺少的元素。缺乏锶时，会破坏锶与钙、钡、锌之间的比例关系，引起牙齿骨处溃疡。研究发现，维生素D不仅影响钙的吸收，同时也影响锶的吸收。缺乏维生素D的佝偻病患者，尿液中锶的排泄量增加，骨骼中锶的含量也明显减少。此外，由于缺钙引起抽搐症时，血液中锶的含量也减少。这说明锶与钙一样，会影响神经肌肉的兴奋和骨骼的生长发育。

锶在众多体外（In vitro）和体内（In vivo）试验中，被证实同时具有促进成骨细胞生成和抑制破骨细胞分化的双重作用。在绝经后女性中，锶在骨骼中的积累与骨折概率的降低间存在着强烈的相关性，这表明锶可通过某种物化机制增强骨强度。在接受锶治疗的动物实验中，锶分布不均匀且更多分布于新形成的骨骼当中。新形成的骨骼矿化程度较低，所以锶更易与羟基磷灰石晶体周围水层中含有的松散结合离子交换。随着晶体成熟，水合层被矿物取代，锶不可逆地进入矿物晶格。在一项给实验动物喂食丙二酸锶盐的实验中，通过X射线吸收光谱分析锶在骨骼中的定位，骨骼中只有35%～45%的锶存在于羟基磷灰石晶格中（图1-4），其余的锶吸附在晶体表面与胶原基质结合，或存在于骨液中。

锶介导有机基质内结合键的形成是经过锶治疗后内在组织质量变化的一种机制。骨是一种纳米复合材料，由嵌入有机基质中的矿物相组成。矿物质部分由具有非化学计量纳米结构的羟基磷灰石矿化纤维胶原组成［图1-4（2）］，而有机基质主要是由非纤维I型胶原基质，以及水和非胶原蛋白构成。有机基质中的弱键（称为结合键）能够断裂和重组，使有机聚合物通过揭示隐藏长度在断裂前消耗大量能量。同时，这种增韧机制也可以通过阻止矿化纤维的分离防止骨组织裂纹形成。结合键通过蛋白质分子内或不同蛋白质分子之间的负电荷基团之间的静电相互作用形成和重组，导致分子间和分子内交联［图1-4（3）］。此外，这些相互作用也可能在非纤维蛋白和骨矿物相之间发生。

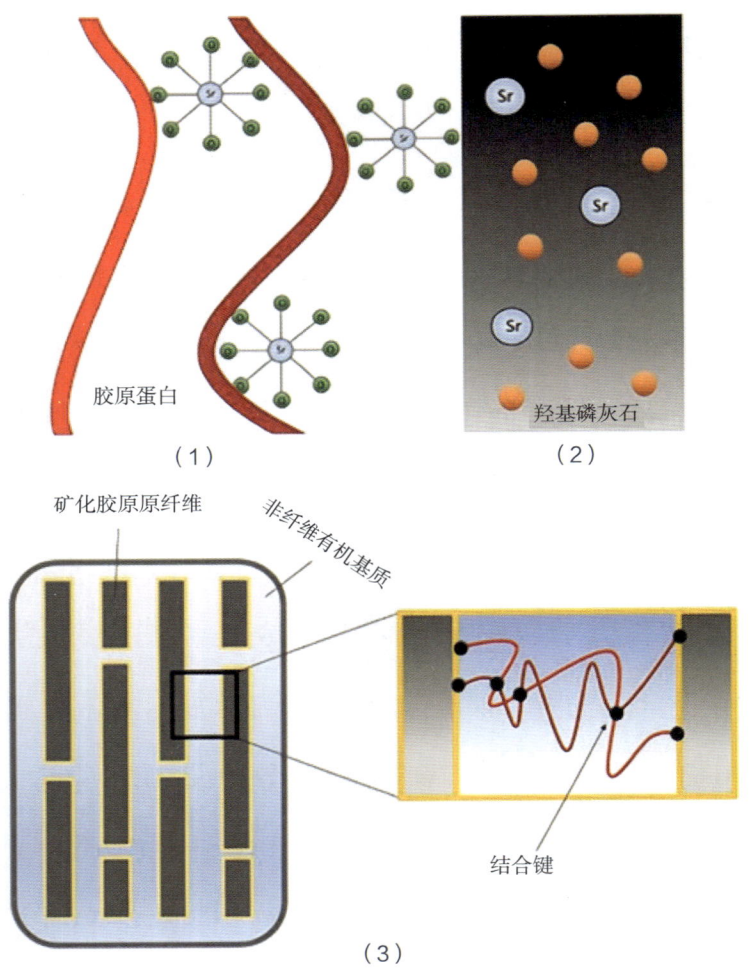

图1-4　锶在骨骼中的位置及与胶原蛋白结合形式

（资料来源：Marx *et al.*，A review of the latest insights into the mechanism of action of strontium in bone. Bone Report. 2020，12：100273.）

2. 锶促进成骨细胞，抑制破骨细胞

成骨细胞和破骨细胞间协调的相互作用是调节骨重建、维持骨骼稳定性和完整性的关键。研究发现，锶能够用至少两种机制增加前成骨细胞和多功能干细胞增殖。另外，在骨质疏松动物模型中，锶可改善骨代谢，预防骨质流失，提高骨质疏松动物的骨质量（图1-5）。图1-6总结了细胞和组织水平体外、体内研究得出的锶/雷奈酸锶的主要作用。锶/雷奈酸锶的双重作用既可以促进成骨细胞介导的骨形成又可以抑制破骨细胞介导的骨吸收。

锶发挥作用的细胞机制涉及钙敏感受体（CaSR）。体外靶向敲除CaSR可减弱Sr介导的细胞复制，表明CaSR在Sr对成骨细胞的合成代谢作用中发挥着关键作用。Sr结合反应的细胞通路与Ca刺激反应的细胞通路有所不同。虽然Ca快速激活细胞外调节蛋白激酶（ERK1/2）和蛋白激酶C（PKC），但Sr的反应较慢，仅在数小时后激活这些蛋白激酶，且更倾向于刺激蛋白激酶D（PKD）。然而研究发现，在成骨细胞的复制中，ERK1/2的持续激活比急性激活更重要，这解释了为什么Ca和Sr的双重作用增强了有丝分裂反应。研究发现，Sr在刺激肌醇磷酸盐（IP）和细胞内钙等

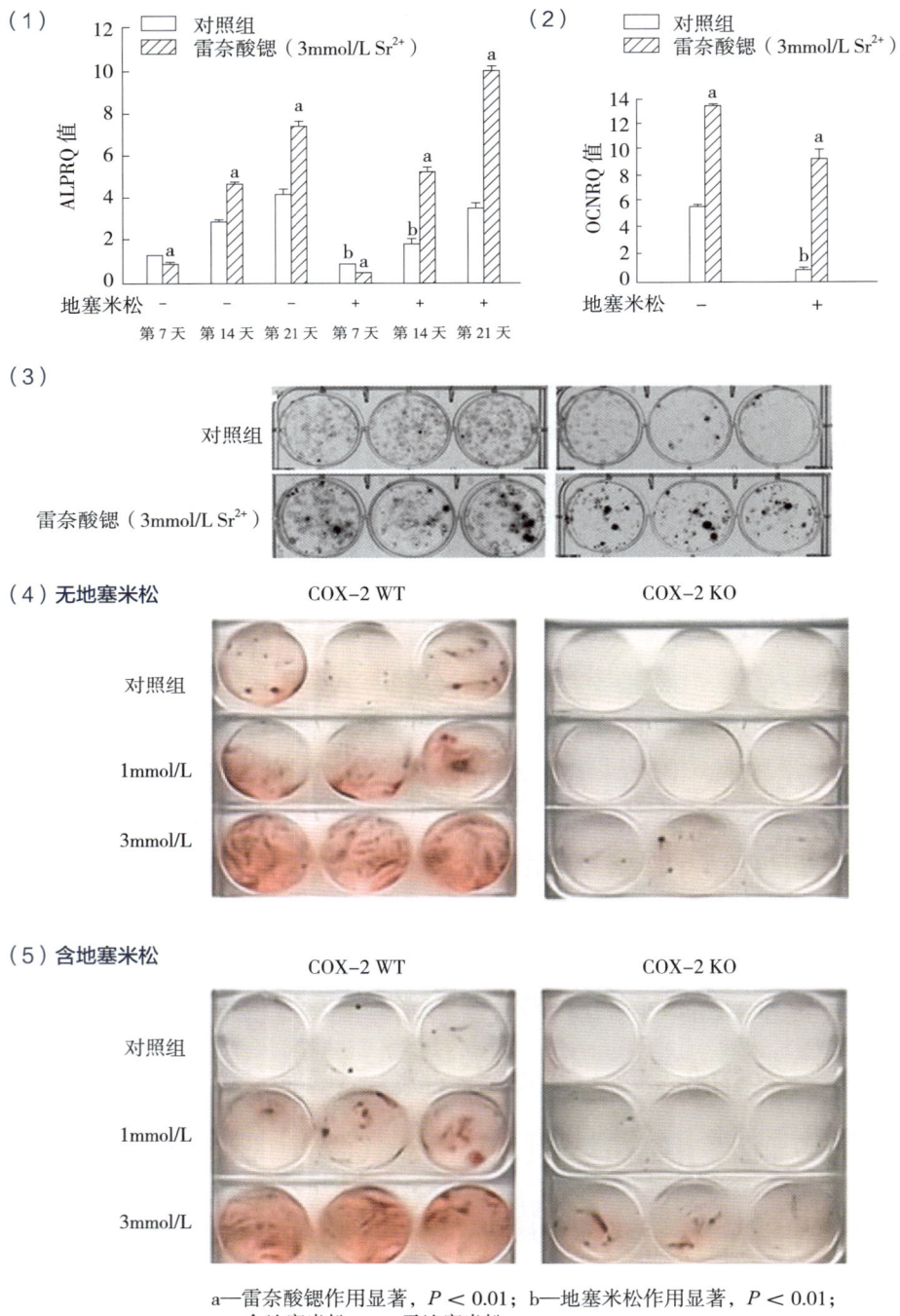

a—雷奈酸锶作用显著，$P<0.01$；b—地塞米松作用显著，$P<0.01$；
+—含地塞米松；−—无地塞米松。

图 1-5　锶能刺激小鼠骨髓基质细胞 PGE2 的产生和成骨分化

[资料来源：Choudhary *et al.*, Strontium ranelate promotes osteoblastic differentiation and mineralization of murine bone marrow stromal cells: Involvement of prostaglandins. Journal of bone and mineral research. 2007, 22 (7): 1002−1010.]

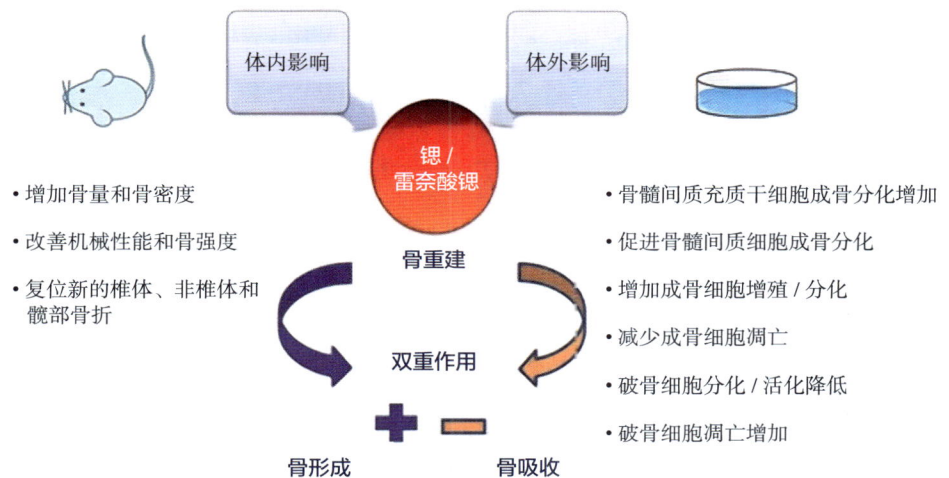

图 1-6　锶促进成骨细胞生成、抑制破骨细胞分解，调节骨重建、维持骨骼稳定性和完整性的作用

（资料来源：Pilmane *et al.*，Strontium and strontium ranelate: Historical review of some of their functions. Materials Science and Engineering: C，2017，78: 1222-1230.）

早期第二信使时不如Ca有效，表明这两种离子在CaSR激活后通过不同的细胞途径促进细胞复制。

在表达碱性磷酸酶（ALP）、骨唾液蛋白和骨钙素（OC）等特定成骨基因后，成骨细胞与骨髓间充质干细胞（MSC）发生分化。这一过程与Runx2的激活和磷酸化有关，Runx2是影响成骨细胞命运的一个主要转录因子。Sr治疗可上调成骨细胞中成骨基因的表达，而成骨基因表达依赖于大鼠肉瘤病毒癌基因同源物（Ras）下游的丝裂原激活蛋白激酶（MAPK）信号转导和ERK 1/2磷酸化。

还有一种参与成骨细胞分化的途径是由环氧合酶-2（COX-2）介导的，COX-2是一种催化花生四烯酸转化为前列腺素（PGE）的酶，导致成骨基因表达增加。Sr的成骨作用已被证明依赖于PGE2，因为抑制COX-2会减少Sr诱导的PGE2生成以及随后对MSCs中ALP基因表达的刺激。这是通过依赖于CaSR和独立的途径发生的COX-2抑制降低了Sr在CaSR-/-和CaSR+/+细胞中的作用。

Sr通过Akt信号途径抑制成骨细胞凋亡促进生存。研究表明，Sr在CaSR-/-和CaSR+/+细胞中都能激活这一促生存途径，存在另一种受体部分介导这一效应。Sr可以介导成骨细胞钙调神经磷酸酶（Cn）/活化Tc（NFATc）核因子的信号转导。NFATc是一种存在于成骨细胞细胞质中的转录因子，而钙调神经磷酸酶（Cn）是一种磷酸酶，在细胞内Ca^{2+}含量升高时被激活。被Ca^{2+}激活后，Cn将NFATc脱磷酸化，诱导其进入细胞核，并与靶基因如Runx2和ALP结合。已证实，体外SrRan处理前，成骨细胞可诱导NFATc的核易位，Cn抑制剂完全抑制Sr处理后观察到的Runx2和ALP表达的增加。Cn-NFATc在Sr治疗的成骨细胞中促进Wnt基因的表达。Wnt信号通路是调节MSCs成骨分化的主要通路，参与该通路的信号分子的破坏与病入性骨条件密切相关。

SrRan诱导典型和非典型Wnt蛋白的表达，而这种效应随着Cn抑制剂的使用而消除。

此外，Sr治疗诱导β-catenin转位入核（典型通路），DKK1（非典型通路的抑制剂）降低ALP和Runx2等成骨基因的表达。β-catenin的核转运通常是由于Wnt蛋白与细胞外信号因子结合所致。然而，Sr诱导的转位已被证明部分是由CaSR下游的Akt激活介导。这是因为Akt能够磷酸化β-catenin，增加其转录活性。图1-7所示为体外研究发现的锶对成骨细胞和破骨细胞作用的细胞CaSR依赖机制。

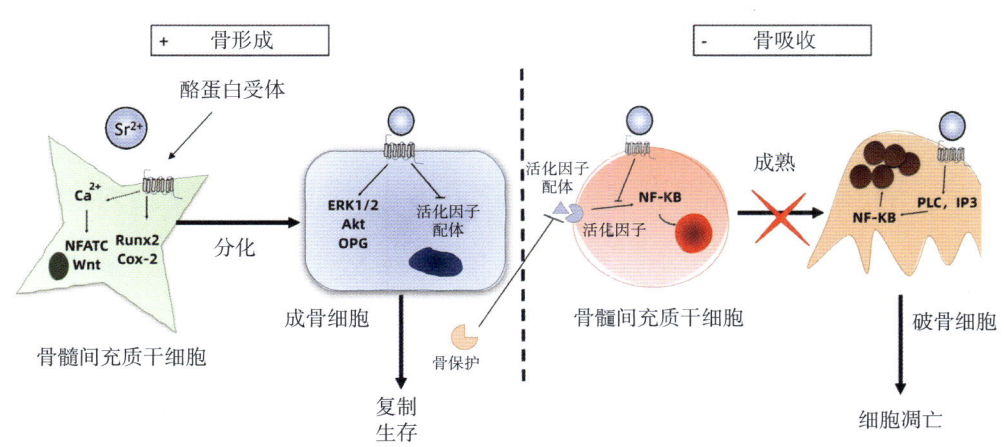

图1-7 锶对成骨细胞和破骨细胞作用的分子机制

（资料来源：Marx *et al.*, A review of the latest insights into the mechanism of action of strontium in bone. Bone Report. 2020, 12: 100273.）

3. 锶能调节骨髓间充质干细胞向成骨细胞分化

研究表明，锶可调节骨髓间充质干细胞（MSCs）向成骨细胞分化，并促进骨基质蛋白的合成和沉淀。因此锶对成骨细胞分化和骨生成具有促进作用。

4. 锶影响骨质强度，提高骨质机械性能

骨骼存在的微量元素中，锶是唯一与骨骼抗压强度有关的金属元素。锶能取代钙化组织骨骼和牙齿羟基磷灰石晶体中少量的钙。低锶浓度下，锶诱导成骨细胞活性，使骨形成率提升，骨小梁密度增加。适量锶元素掺入骨骼与钙置换，较大离子半径的Sr^{2+}在一定程度上减少了晶格缺陷，使原子排列更致密，起到提升骨质机械性的作用，使骨质强度明显提高。

5. 锶可用作骨植入材料，提高骨术后恢复成功率

骨组织在生物系统中起着重要的作用。这种硬结缔组织为身体提供机械力量，保护重要器官，并充当钙和磷等矿物质的储备池。当骨折时，在药物和人工干预的帮助下，它可以通过复杂的愈合过程恢复失去的力量。钛及其合金是制造骨科植入物最常用的材料。可在钛合金表面进行不同的修饰，以改善骨整合和长期成功的内固定种植。

有研究表明，在动物模型中，锶植入骨种植体对促进骨整合和骨贴附有很好的效果，如图1-8所示。Sr^{2+}还可通过增强Wnt信号通路激活骨髓间充质干细胞的成骨分化，并通过激活RANK/RANKL通路抑制破骨细胞活性。促进血管生成生长因子的分泌，增强骨种植体的长期成功率。

Vandana等通过在TN（钛金属氧化物植入物）中添加TiO_2-Nb_2O_5单层混合金属氧化物涂层，在TNS中添加双层锶掺杂HAP（羟基磷灰石）涂层，对商业纯钛进行表面修

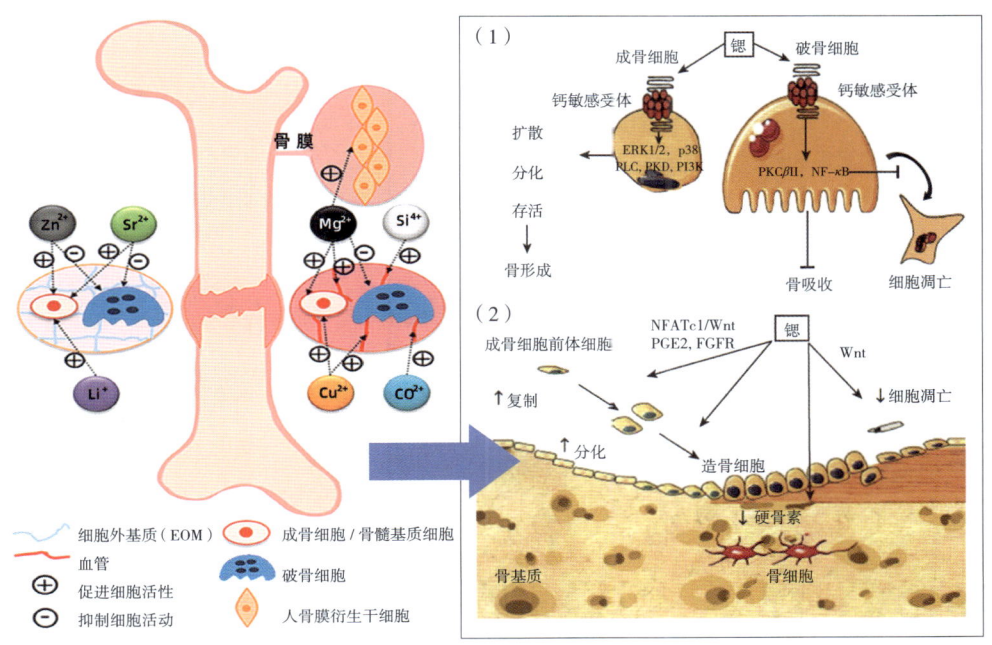

图1-8 锶用作骨植入术材料，起促进骨手术患者术后恢复的作用

（资料来源：Wang *et al*. Bone grafts and biomaterials substitutes for bone defect repair: A review. Bioactive Materials, 2017, 2: 224-247.）

饰，以增强种植体的骨整合能力。研究结果表明，材料TN和TNS无细胞毒性、不溶血、生物相容性好，可安全用于骨科。

聚醚醚酮（PEEK）具有与天然骨相似的机械性能，因此被用作植骨材料。然而，较差的骨整合性和生物惰性阻碍了PEEK的临床应用。Sun等在磺化三维PEEK多孔结构的表面加载不同浓度的雷奈酸锶，体外细胞实验结果表明，雷奈酸锶处理的磺化PEEK（SP-SR）增强了MC3T3-E1细胞的黏附能力，SP-SR表面MC3T3-E1细胞的碱性磷酸酶活性、胶原分泌和细胞外基质矿化沉积也得到改善。这些结果表明雷奈酸锶处理的磺化PEEK（SP-SR）可以作为一种新的手术治疗的植入候选物。

硝酸镓和雷奈酸锶是基于金属离子的药物，已被批准用于治疗与骨吸收加速相关的疾病。可采用含镓（Ga）和锶（Sr）的磷酸盐玻璃（PGs）修饰β-磷酸三钙（β-TCP），采用挤压-微钻法制备β-TCP-PGs生物陶瓷支架。体内评估结果表明，单一含Ga的TCP/PGs显著抑制骨吸收，并没有很好的骨形成效果；添加含Ga和Sr的TCP/PGs植入兔股骨缺损后，不仅能抑制骨吸收，还能有效促进骨再生，含

Ga和Sr的TCP/PGs有望在骨吸收加速的病理状态下有效修复骨缺损。

Mosaddad等将胶原与锶作为生物玻璃（BG-Sr）支架，以此评估BG-Sr的骨再生效果。实验发现，Sr在促进细胞分化方面发挥了重要作用，提高了ALP、骨连接素和骨钙素基因的表达水平，并在12周内加速和改善了兔模型的骨愈合。

二、锶与生殖健康

2021年中国人口净增长为48万，创历史新低（数据来源：国家统计局《中国统计年鉴2021》）。人口增长数量断崖式下跌，其原因除了人们婚恋观念改变，生活、经济和工作压力大之外，想生却怀不上也是一大主要原因。中国育龄夫妇不孕不育率从2007年的12%攀升至2020年的18%，不孕不育症的发生年龄也呈现低龄化趋势，从以前的40岁左右降低到目前的30岁左右。生育率下降已成为全球性问题。如图1-9所示为2017年发表在 *Human Reproduction Update* 上的数据，这是一项由以色列、美国、丹麦、西班牙、巴西等几个国家共同发起的、对不同

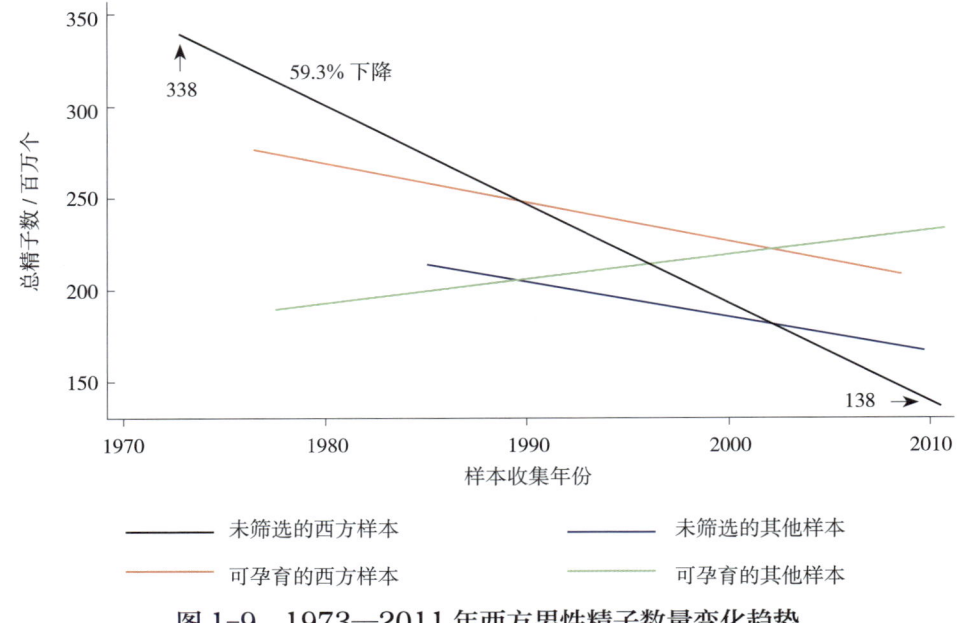

图 1-9　1973—2011 年西方男性精子数量变化趋势

（资料来源：Anderson *et al*., Temporal trends in sperm count: a systematic review and meta-regression analysis. Human Reproduction Update, 2017, 23: 646-659.）

国家和地区男性精子计数、生育率等的研究，时间跨度为1973—2011年，对42935名男性精液样本进行了185项研究，以提取到的244项精子浓度（SC）和总精子数（TSC）估计值对精子数的近期趋势进行系统回顾和多元回归分析，并根据生育率和地理群体对其进行修正。结果表明，在1973—2011年这近四十年中，西方国家男性精子数量下降了59.3%。

1．锶对男性精液质量有积极影响

Yu等评估了非放射性锶暴露与人类精液质量之间的关

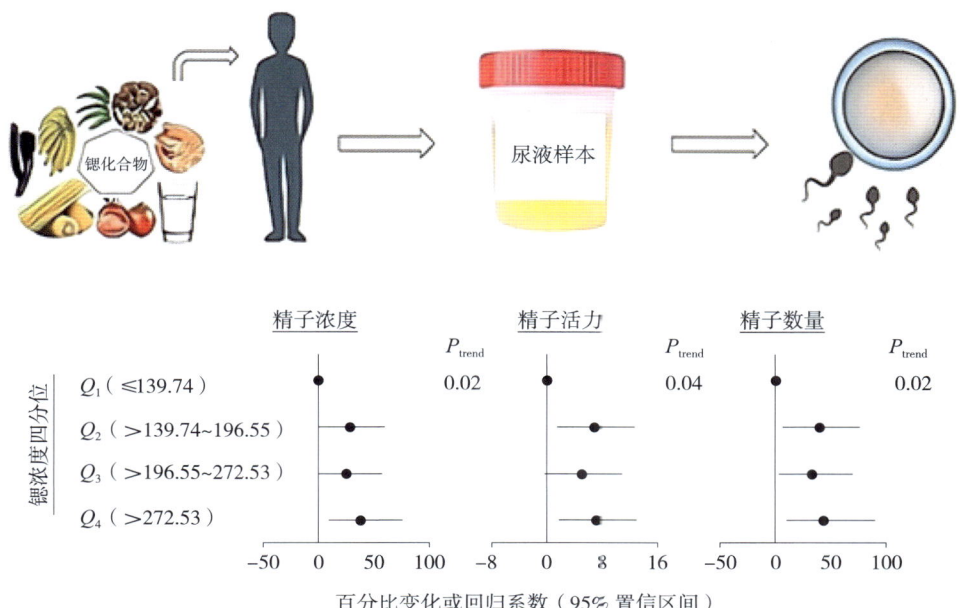

图1-10 尿锶含量与男性精子浓度、数量、活性呈正相关

（资料来源：Yu *et al*. Urinary biomarker of strontium exposure is positively associated with semen quality among men from an infertility clinic. Ecotoxicology and Environmental Safety，2021，208.）

系。结果显示，无论在多变量线性回归模型中采用分类变量还是连续变量建模，尿锶浓度都与精子浓度、活力和数量呈正相关（图1-10）。此外，在多变量Logistic回归模型中，通过增加尿锶四分位数也可以发现，低于参考精子浓度、活力和数量的趋势降低（趋势P均小于0.05）。这些关联在敏感性分析中是可靠的，实验结果表明（表1-4），以Sr^{2+}形式存在的非放射性锶（Sr）对精液质量有积极影响。

表1-4　尿锶含量与男性精子浓度、数量、活性呈正相关

变量	中位数	选定百分点				范围	受试者人数（占比/%）
		10	25	7	90		
精液参数							
精子浓度/(百万个/mL)	56.42	16.89	29.58	88.52	140.39	4.41 ~ 264.08	
＜2000万个精子/mL							46（11.67）
精子活力/%	46.13	19.62	34.03	59.78	71.13	0 ~ 83.41	
＜50%活动精子							222（56.35）
精子总数/百万个	165.01	40.92	82.81	274.06	410.22	8.23 ~ 1197.08	
＜4000万个精子							38（9.64）
精子形态正常/%	24.00	15.50	21.00	26.50	29.00	1.00 ~ 51.00	
精子异常头/%	62.00	55.00	59.00	67.00	72.50	32.00 ~ 91.00	
直线速度/(μm/s)	26.23	10.52	22.21	29.53	32.81	0 ~ 44.12	
曲线速度/(μm/s)	41.31	30.34	34.92	47.41	53.79	0 ~ 67.02	
线性度/%	63.73	55.12	59.22	67.77	72.79	0 ~ 85.57	
尿锶浓度							
未校正锶/(μg/L)	197.04	83.98	140.03	273.24	369.20	16.88 ~ 973.09	
肌酐校正锶/(μg/g)	140.41	58.28	90.54	206.09	297.38	9.37 ~ 991.97	

（资料来源：Yu *et al*. Urinary biomarker of strontium exposure is positively associated with semen quality among men from an infertility clinic. Ecotoxicology and Environmental Safety，2021：208.）

Clara等的研究报告表明，Sr能够支持激发人精子获能相关反应，包括蛋白酪氨酸磷酸化和过度激活，以及与透明带（ZP）的识别结合。Konosuke等研究报告了氯化锶处理后猪精子活力、顶体形态及受精能力的变化，证明了Sr^{2+}对猪精子的受精能力有积极的影响，如图1-11所示。

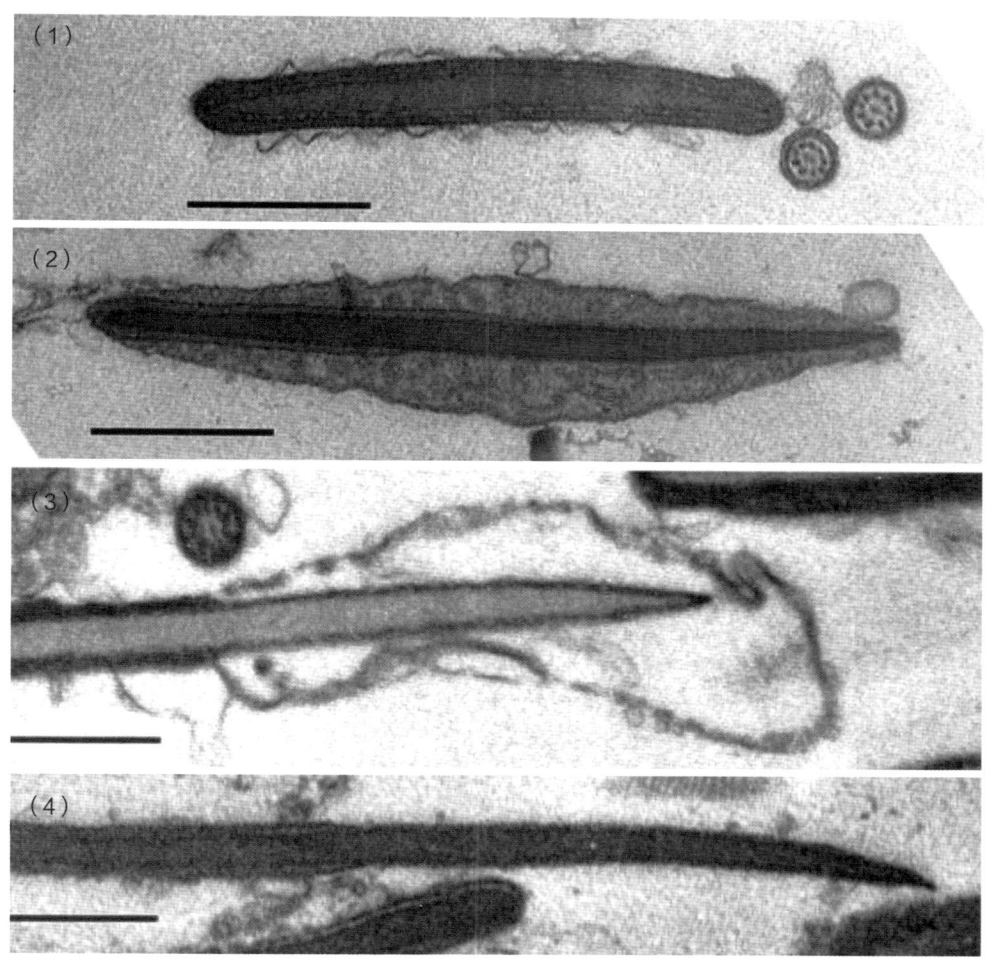

图 1-11 Sr^{2+} 对猪精子顶体反应的作用

[资料来源：Konosuke et al., Viability acrosome morphology and fertilizing capacity of boar spermatozoa treated with strontium chloride. Zygote，2008，16（1）：49-56.]

有研究报告表明，锶除了与男性精子活力有关外，还会影响女性卵细胞的功能。锶是构成细胞膜的必需成分之一，缺少锶会影响卵细胞的形成，即使能形成其质量也不高，常会导致受孕后极易流产。

2. 锶对少精症动物模型有治疗作用

胡莹莹等研究了果糖二磷酸锶盐（FDP-Sr）对雷公藤多苷（GTW）所致的雄性大鼠少精子症的治疗作用。研究中以大剂量GTW［30mg/（kg·d）］连续40d灌胃大鼠，得到大鼠少精子症模型，具体表现为性腺及附腺萎缩，附睾精子数量减少，活动率明显降低。应用FDP-Sr治疗，可以明显改善GTW造成的少精子症，增加附睾精子数量。进一步研究表明，FDP-Sr可以增加睾丸内酶的活性，这些酶包括ACP（酰基载体蛋白，主要存在于支持细胞中，在性激素的诱导下参与蛋白质的合成，可作为衡量生精障碍的指标）、LDH（乳酸脱氢酶，存在于生精细胞内，是生精细胞代谢产能的主要酶，并与生精上皮的成熟有关）、SDH（琥珀酸脱氢酶，在精子能量代谢中起重要作用，是睾丸成熟、精子形态功能完善的标志酶）。这些酶类促进睾丸成熟，利于精子产生以及睾酮分泌。大量实验证明，睾酮水平降低是生精细胞凋亡的重要原因。FDP-Sr可以调节睾酮含量，使睾酮升高，增加性腺质量，改善睾丸功能。FDP-Sr代谢产生的1,6-二磷酸果糖（FDP）可以为生精细胞生长提供能量，促进生精上皮的成熟；另外从睾丸形态学结果可以看到，FDP-Sr能够对抗GTW对睾丸生精上皮的损害，保护生精细胞以及精子，改善睾丸功能。前期研究发现，FDP-Sr可以逆转氧化应激，减缓生精细胞凋亡，增加精子浓度，稳定Ca^{2+}，保护细胞。

三、锶与心血管健康

流行病学调查显示（表1-5和表1-6），饮用水中锶含量水平与多种心血管疾病发病率、心脏病病死率呈负相关。饮用水中锶含量在5.0~10.0mg/L时，心血管疾病病死率最低。心肌梗死患者患病后期阶段，毛发中的锶含量明显低于正常水平，冠心病患者全血中含锶量明显低于常人。饮用水及尿液中锶水平与高血压伴心脏病呈显著负相关；饮用水中钠锶比值与中枢神经系统血管损伤、动脉硬化、退行性心脏病、高血压伴心脏病呈显著正相关；尿钠锶比值与全身性动脉硬化呈显著负相关。引起高血压和心血管疾病的主要原因是体内的钠过多，现在更多的研究认为锶对心血管疾病的作用机制，是由于锶在肠内与钠竞争吸收，锶的存在减少了人体对钠的吸收，同时将储存在人体中过多的钠排出体外，对高血压、心血管等疾病起到了一定的预防作用。

表 1-5　美国得克萨斯州 24 个区 45 岁以上人群饮用水中金属含量与心血管疾病死亡率的相关性

金属种类	中枢神经系统	动脉硬化和退行性心脏病	高血压伴心脏病	其他心脏病	高血压	全身动脉硬化
Li	-0.3545	-0.4187[b]	-0.4745[a]	-0.1763	-0.4353[b]	-0.0416
Ca	-0.0909	-0.2217	-0.4375[b]	-0.2870	-0.2199	-0.1314
Mg	0.0910	-0.0478	-0.5945[a]	0.1250	-0.3648[c]	0.3619
Na	0.1272	0.0932	-0.1720	0.2950	0.0374	-0.0710
K	-0.2339	-0.0042	-0.1645	0.0699	-0.1045	0.0731
Sr	0.0120	-0.0800	-0.5440[a]	-0.0243	-0.2685	-0.0920
Si	-0.1735	-0.0428	-0.3773[b]	-0.0574	-0.5438[a]	0.2784

注：置信水平 a≤0.001，b≤0.01，c≤0.02，d≤0.05。

表 1-6　美国得克萨斯州 24 个区 45 岁以上人群饮用水中钠与金属含量的比值与心血管疾病死亡率的相关性

金属种类	中枢神经系统	动脉硬化和退行性心脏病	高血压伴心脏病	其他心脏病	高血压	全身动脉硬化
Li	0.1571	0.2395	0.4156[b]	0.0748	0.5034[a]	-0.1595
Ca	0.5662[a]	0.5686[a]	0.2698	0.0823	0.3311[d]	-0.0779
Mg	0.3813[b]	0.3610[c]	0.5877[a]	0.4634[b]	0.3373[d]	-0.0693
K	0.3344[d]	0.1672	0.0233	0.1022	0.1416	-0.2256
Sr	0.5024[a]	0.5594[a]	0.3365[d]	0.3459[c]	0.6132[a]	0.0240
Si	0.0275	0.2478	0.0985	0.1117	0.5878[a]	-0.1899

注：置信水平 a≤0.001，b≤0.01，c≤0.02，d≤0.05。

在武汉开展的一项对5423名孕妇进行的调查研究，探究了尿锶与妊娠高血压的关系（表1-7）。患妊娠高血压的孕妇更易患并发症（心血管疾病），而患妊娠高血压孕妇在孕期中也会提升如早产等风险。调研结果显示，妊娠期高血压与尿锶水平有显著相关性，且受到孕妇年龄的影响。35岁以下人群尿锶与妊娠高血压的相关性更显著。

表 1-7　总体检测人群（n=5423）尿液中锶的含量与妊娠期高血压综合征（PIH）的相关性

尿液中锶水平	N[①]	OR_1（95% CI）	OR_2[②]（95% CI）
ln-Sr	200	**0.65（0.55,0.76）**	**0.60（0.51,0.72）**
低值	86	1.00（对照）	1.00（对照）
中值	55	**0.63（0.45,0.89）**	**0.64（0.45,0.91）**
高值	59	**0.68（0.48,0.95）**	**0.59（0.41,0.84）**
P[③]	—	**0.012**	**0.002**

注：OR为优势比；
　　CI为置信区间；
　　ln-Sr为自然对数转换尿肌酐标准化锶浓度；
　　低值为Sr含量<138.70μg/L尿肌酐；
　　中值为Sr含量138.70～248.76μg/L尿肌酐；
　　高值为Sr含量>248.76μg/L尿肌酐。
　①N为在检测人群中患有妊娠期高血压的人数。
　②此为调整母亲年龄、孕前体重指数、胎次、妊娠体重增加、婴儿性别、母亲教育状况、收集尿液时的孕周、被动吸烟、ln-Cd（自然对数转换尿肌酐标准化镉浓度）的组别。
　③P为通过将每个三分位数（自然对数转换）的中值作为连续变量纳入逻辑回归模型，获得趋势的P值。
　　粗体数字表示存在显著差异。

动物实验结果证明，锶可从下列几方面影响心血管功能：

①增强骨骼肌和脉管平滑肌的收缩力和舒张力；

②稳定线粒体的结构和功能，减少线粒体的肿胀或变性；

③刺激肥大细胞的组胺分泌，启动和控制胆碱能神经末梢递质的释放过程，参与心血管活动的神经调节。

而锶对妊娠高血压的预防，与锶显著的还原性有关。胎盘氧化应激是导致妊娠高血压的主要原因，锶通过促进超氧化物歧化酶（SOD）与过氧化氢酶（CAT）的含量，在抗氧化防御系统中显示特定生物效应，清除脂质过氧化，从而减轻胎盘氧化应激，预防妊娠高血压的发生。

四、锶与精神健康

Dean等发现重度抑郁症患者的布罗德曼皮质区6、10和双相情感障碍患者的布罗德曼皮质区10中锶含量较低（图1-12）；自杀患者大脑皮质中的锶、锰、铝和硒的浓度也会发生改变。有学者认为，锶可以代替钙离子调节神经传递，在这种情况下，双相情感障碍患者的大脑皮质锶含量的改变可能对涉及离子通道的不同神经递质系统产生广

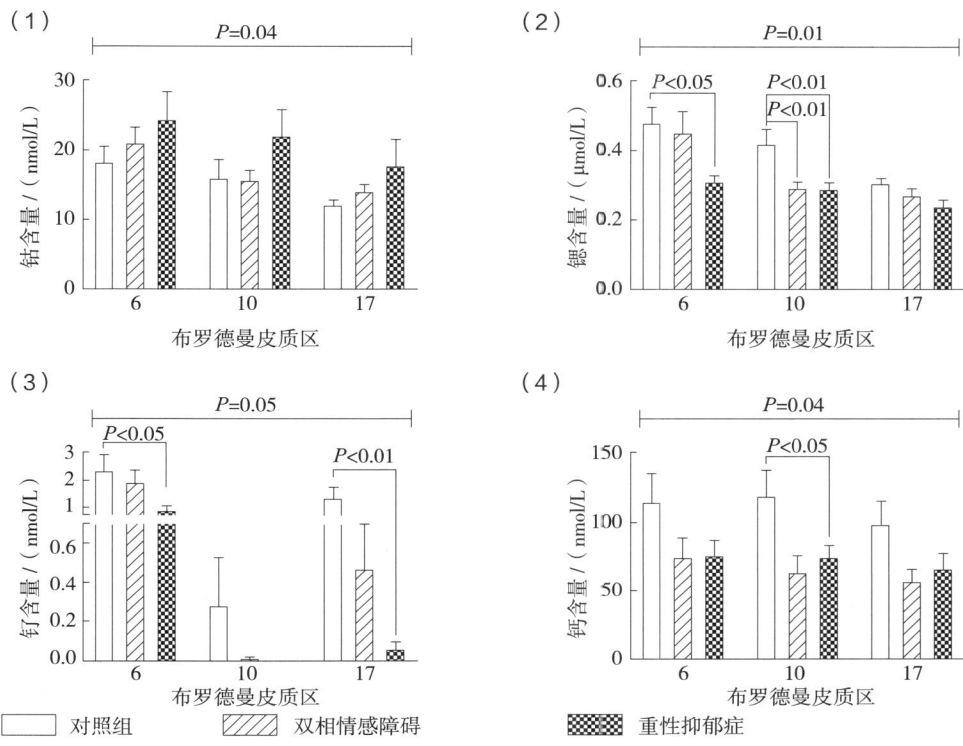

图1-12 布罗德曼（Brodmann）皮质区锶含量较低患者，会出现情绪障碍（Mood disorder）和抑郁自杀（Depressive suicide）倾向

（资料来源：Dean *et al.*, Cortical biometals: Changed levels in suicide and with mood disorders. Journal of Affective Disorders，2019，243：539-544.）

泛影响。双相情感障碍和重度抑郁症患者脑中金属含量的变化可能会影响其皮质氧化平衡，或许可以将测量血液中特定生物金属的含量作为自杀风险增加的生物标志物。

Lv等基于中国安徽省六安市老年人健康和环境危险因素队列数据，纳入954名中国老年人研究Ba和Sr与老年人抑郁风险的关系。高水平的微量元素（Sr和Ba）与老年女性抑郁风险呈正相关，但这些结果在老年男性中未观察到。Cao等对中国105例精神分裂症住院患者与106例年龄和性别匹配的健康对照组血清中Sr的含量进行了测定，发现碱性金属Sr与人群精神分裂症风险存在显著相关性（表1-8）。但是目前微量元素对抑郁症状影响的机制尚不清楚。

表1-8 精神分裂症患者与健康对照组8种碱金属和碱土金属浓度比较

组别	变量	SCZ（$n=105$）中值（四分位距）	对照组（$n=106$）中值（四分位距）	P[①]	精神分裂症患者/对照组
碱金属	Na/（g/mL）	3.42（3.33,3.51）	3.41（3.29,3.47）	0.104	1.00
	K/（μg/mL）	161.50（149.90,174.05）	165.35（152.98,173.03）	0.319	0.98
	Rb/（ng/mL）	59.52（51.76,69.42）	62.99（56.26,68.99）	0.615	0.94
	Cs/（ng/mL）	0.53（0.43,0.63）	0.52（0.46,0.63）	0.493	0.98
碱土金属	Mg/（μg/mL）	20.86（19.42,21.89）	19.73（18.21,21.01）	<0.001[②]	1.06
	Ca/（μg/mL）	92.07（88.17,95.52）	92.61（86.76,97.85）	0.696	0.99
	Sr/（ng/mL）	53.14（43.98,61.37）	42.26（35.07,53.18）	<0.001[②]	1.23
	Ba/（ng/mL）	3.17（2.6,3.89）	2.85（2.42,3.51）	0.054	1.11

注：① 通过双尾秩和检验法测试。
② Beniamini-Hochberg错误发现率（FDR）修正后$P<0.05$。

五、锶的其他功能

1. 锶与糖脂代谢相关

锶对骨代谢至关重要,但其在糖和脂代谢中的作用很大程度上尚不清楚。研究发现,锶通过调节糖尿病小鼠胰腺和肾脏相关基因的表达,降低血糖水平,提高胰岛素、瘦素和脂联素的耐受性,具有抗糖尿病作用。维生素D_3、胆盐和十二烷基硫酸钠均能促进锶的吸收。在一项锶对动脉粥样硬化斑块形成的影响研究中发现,用$(3\sim36)\times10^{-6}$的锶水饲喂实验兔,随锶的浓度增加,延缓动脉粥样硬化进程效果明显,因此推断锶可能与脂质代谢有关。Chen等研究了锶与II型糖尿病(T2DM)和糖调节受损(IGR)的关系,并进一步探索其潜在的机制。血浆锶与T2DM和IGR呈负相关。此外,血浆锶与总胆固醇、低密度脂蛋白胆固醇和脂质过氧化(血浆丙二醛水平)呈负相关。目前的研究表明,较高的血浆锶浓度与较低的T2DM和IGR发生概率相关。需要进一步研究来证实这些发现并阐明其潜在的机制。

2. 锶与人体头发和皮肤代谢相关

人的头发和皮肤中均含有锶,缺锶会导致头发变白、皮肤免疫力下降等问题。梁国荣在对老年人头发中微量元素含量的研究中发现，老年人发锶含量明显低于成年人，且健康老年人白发中锶的含量要低于黑发（表1-9）。

表1-9　锶与人体头发代谢相关性

元素	老人黑发组（$n=96$）	老人白发组（$n=11$）	P
锶	2.27±2.27	0.86±0.7	<0.05
铅	6.18±4.73（*）	5.5±4.31	>0.05
锌	203±31	203±40	>0.05
铜	11.69±3.98	11.57±2.83	>0.05
镍	0.76±0.38	0.82±0.48	>0.05
铁	12.22±5.12（**）	10.92±4.12	>0.05
锰	1.6±1.33	1.18±1.02	>0.05
钙	847±383	458±237	<0.01
锌/铜	17.37	17.55	—

注：此为健康老年人相对黑发与白发组微量元素测定结果（μmol，$x\pm SD$）。
［资料来源：梁国荣等，老年人头发中微量元素含量与遗传、环境因素的初步观察．老年学杂志，1990（03）：165-168．］

锶具有抗氧化、防衰老、养颜美容的作用。胶原蛋白水解酶能作用于正常的胶原蛋白代谢和多种膜快速重构的过程，如伤口愈合等。在胶原酶催化过程中，Ca^{2+}具有双重作用，一是作为酶的激活剂，二是在生理温度和pH条件下作为一个至关重要的热稳定剂。Sr^{2+}能够取代Ca^{2+}作为人体皮肤器官培养的胶原酶的热稳定剂，并将激活、稳定纯化的人皮肤成纤维细胞胶原酶。锶对慢性湿疹、牛皮癣等皮肤疾病有特殊疗效，也能舒缓皮肤过敏。其原理在于锶盐对TNF-α（肿瘤坏死因子α）有明显抑制作用。因此，锶盐具有抗炎作用。在皮外适量补充锶有助于皮肤再生、修复细胞，促进皮肤新陈代谢，同时会提高皮肤抗氧化能力及免疫能力，帮助皮肤排出毒素。皮肤过敏时也可以用少量锶于皮外舒敏。氯化锶、硝酸锶处理的药品或化妆品可减少皮肤瘙痒、红肿、灼烧感等过敏现象（图1-13），因此可用于研制化妆品添加剂或过敏性皮炎、鼻炎治疗药物。氯化锶也可作为抗敏感牙膏的功效成分。

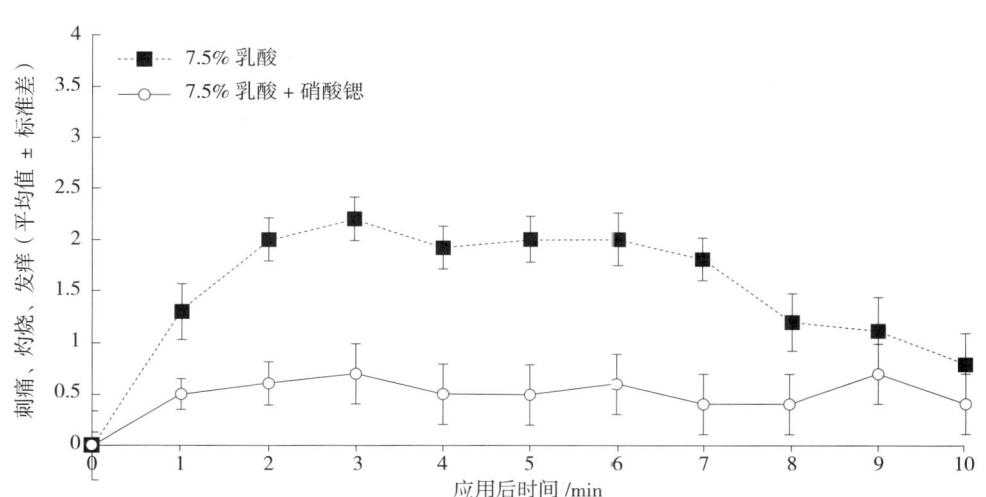

图1-13 锶能舒缓皮肤过敏，对炎症因子有明显抑制作用；能激活、稳定人皮肤成纤维细胞胶原酶，有助于皮肤再生、修复细胞、促进皮肤新陈代谢

（资料来源：Hahn, Strontium is a potent and selective inhibitor of sensory irritation. Dermatol Surg, 1999, 25: 689-694.）

3. 锶与癌症相关

在锶与癌症关系的研究当中，锶的作用一直存在争议。樊祥熹比对了健康人群和癌症患者发样中的锶含量，发现癌症患者发样中的锶含量显著低于健康人群（表1-10）。^{89}Sr可被氯盐溶解于普通的盐水，用于静脉注射。^{89}Sr就是美他特龙（氯化锶-^{89}Sr）中的一种活性成分，静脉注射美他特龙可治疗由转移性前列腺癌引发的骨痛。

表1-10 锶在癌症患者和健康人群头发中含量的差异

性别	健康人群发中锶的含量		癌症人群发中锶的含量	
	样品数/个	均值/（mg/kg）	样品数/个	均值/（mg/kg）
男	20	16.9	10	8.29
女	22	62.15	12	18.36
总	42	41.58	22	13.78

［资料来源：樊祥熹. 微量元素与人体健康——人发中锶含量与癌症初探. 现代科学仪器，1998（03）：34.］

第二章 锶的安全评价

◆ 锶的摄入量风险评估研究进展

◆ 锶的毒理学研究进展

第一节 锶的摄入量风险评估研究进展

关于锶摄入对人体的毒性，目前尚无明确的结论。在人体中尚无因口服过多锶而导致中毒症状的实验数据，静脉注射高剂量的锶有可能导致低钙血症。从实验动物数据来看，锶对机体产生危害的浓度远远高于日常饮食中的含量。虽然缺乏人类摄入锶过量的数据，但从已有骨质疏松患者口服锶数年没有明显健康危害来看，日摄入680mg对患者来说是安全的。健康成人日摄入锶的推荐量尚需更多的科学依据，但从目前的数据来看，日常饮食中的锶含量不足以对人体产生危害。每日饮用2L的生活饮用水，其锶含量不超过16.32mg/L时，或每日饮用1L的矿泉水，锶含量不超过32.64mg/L时，对健康成年人是安全的。锶在不同的食物和饮料中含量是不同的，在肉制品、水果和叶类蔬菜中的含量为0.3~51mg/kg，而在谷类制品中可以达到25mg/kg。因此，不同地区的人们会因所在区域以及所摄入的食物种类不同，导致摄取的锶量存在差异。

此外，不同地区的水中锶含量也有所差别。因此，秦俊法等人在2001年提出，应将天然矿泉水中锶最高质量浓度从1985年的5mg/L提升至10mg/L，以满足人体对锶的正常需求。加拿大政府2018年制定的饮用水中锶含量上限为7.0mg/L（图2-1），并于同年发布了加拿大饮用水中锶风险评估报告。如表2-1所示为加拿大居民不

图 2-1　加拿大饮用水中锶含量技术准则

（资料来源：Strontium in Drinking Water - Guideline Technical Document for Public Consultation. Prepared by the Federal-Provincial-Territorial Committee on Drinking Water. 2018.）

同年龄段人群饮食锶暴露风险评估及饮用水锶限量值。美国新泽西州2015年制定的饮用水锶含量上限为2.0mg/L（图2-2）。

表2-1 加拿大居民不同年龄段人群饮食锶暴露风险评估及饮用水锶限量值

年龄	每天从各种来源摄入的锶/（μg/kg体重）				
	饮用水①	空气②	土壤③	食物④	总量
0～6月龄母乳喂养	0.0（0）	<0.001	2.2	4.4	6.6
0～6月龄配方乳粉喂养	115.2（50）	<0.001	2.2	103.8	221.2
7月龄～4岁	66.2（50）	<0.001	1.7	67.3	135.2
5～11岁	35.8（40）	<0.001	0.6	44.7	81.1
12～19岁	24.5（50）	<0.001	0.2	28.4	53.1
≥20岁	23.0（50）	<0.001	0.1	22.9	46.0

注：① 饮用水：假设0～6月龄母乳喂养和配方乳粉喂养婴儿每天的摄入量为0.75L，7月龄～4岁的儿童每天的摄入量为0.8L，5～11岁儿童每天摄入量为0.9L，12～19岁青少年每天摄入量为1.3L，≥20岁的成年人每天摄入量为1.5L，其体重分别为：7kg、13kg、27kg、57kg和70kg。使用加拿大各地区饮用水监测数据的平均值计算出饮用水中锶含量的平均值为1075μg/L。括号内的数值为每日饮用水总摄入量的百分比。
② 空气：根据加拿大国家行动计划（NAPs）中的锶测量值计算，平均值为1.4ng/m³，假设0～6月龄母乳喂养和配方乳粉喂养婴儿每天摄入2m³，7月龄～4岁儿童每天摄入5m³，5～11岁的儿童每天摄入12m³，12～19岁青少年每天摄入21m³，≥20岁成人每天摄入23m³。
③ 土壤：根据土壤中447μg/g的平均锶浓度计算（假设0～6月龄母乳喂养和配方乳粉喂养婴儿每天摄入35mg锶，7月龄～4岁儿童每天摄入50mg锶，5～11岁的儿童每天摄入35mg锶，12～19岁的青少年每天摄入20mg锶，≥20岁成年人每天摄入20mg锶。
④ 食物：膳食摄入量是根据1993—2007年从加拿大的圣约翰、哈利法克斯、蒙特利尔、渥太华、多伦多、温尼伯和温哥华采样的加拿大TDS（水质总溶解固体）估计的平均摄入量。母乳喂养婴儿的摄入量是根据MIREC（加拿大母婴环境化学品风险评估研究项目）研究得出的41μg/kg液态牛乳的平均值计算的，而配方乳粉喂养婴儿的平均值是根据TDS数据计算的，从用于复原配方乳粉的自来水中减去摄入量（以避免饮用水摄入量的重复计算），该亚组的饮用水消耗率与母乳喂养组的饮用水消耗率相同。

Ground Water Quality Standard for Strontium

October 2015 • *CASRN# 7440-24-6* NJDEP

Summary of Decision: In accordance with the New Jersey Ground Water Quality Standards rules at N.J.A.C. 7:9C-1.7, the Department of Environmental Protection (Department) has developed an interim specific ground water quality criterion of 1500 μg/L and PQL of 5 μg/L (ppb) for Strontium. The basis for this criterion and PQL are discussed below. Pursuant to N.J.A.C. 7:9C-1.9(c), rounded to one significant figure, **the applicable constituent standard is 2000 μg/L.**

Strontium

Strontium
38
Sr
87.62

Background: Strontium is a metal found in the ores celestite and strontianite. It is mined in the United Kingdom, Tunisia, Russia, Germany, Mexico and the United States. Strontium is used in color television tubes, to make red flares in fireworks and in phosphorescent paint.

Reference Dose: The USEPA IRIS database currently contains a Reference Dose (RfD) for strontium (Sr) of 0.6 mg/kg/day. This value was entered into IRIS in 1992. In 2014, the USEPA Office of Water published a revised Draft Health Effects Support Document for Strontium (available at: http://www.regulations.gov/#!documentDetail;D=EPA-HQ-OW-2012-0155-0008). The RfD derived in the USEPA's 2014 document is 0.3 mg kg/day. It is based on adverse alterations in bone calcification during post-natal bone growth (Marie et al., 1985). This study is a better basis for the derivation of an RfD for strontium than the older IRIS value because of clear reporting of doses; a longer duration of exposure; better quantitative reporting of effects; and ability to apply benchmark dose modeling to the dose-response data in order to more accurately assess a point of departure.

Therefore, the Reference Dose used as the basis of the ground water quality criterion for strontium is 0.3 mg/kg/day.

Derivation of Ground Water Quality Criterion: The ground water quality criterion was derived pursuant to the formula established at N.J.A.C. 7:9C-1.7(c)4, using 0.3 mg/kg/day as the Reference Dose (as explained above), and standard default assumption for the relative source contribution. However, because the adverse effects addressed by this RfD are specific to earlier life stages when daily drinking water intake on a body weight basis (L/kg/day) is greater than during adulthood, EPA (2014, Appendix B) applied an age adjusted time-weighted average drinking water intake for birth to 21 years of 0.040 L/kg/day.

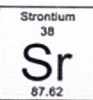

图 2-2 美国新泽西州地下水锶含量质量标准

（资料来源：Ground Water Quality Standard for Strontium. New Jersey Department of Environmental Protection，Water Monitoring and Standards Bureau of Environmental Analysis，Restoration and Standards，CASRN# 7440-24-6，2015.）

第二节　锶的毒理学研究进展

研究发现，氯化锶、碳酸锶、硫酸锶和硝酸锶对大鼠和小鼠的急性经口毒性较低。硫酸锶对大鼠的急性皮肤毒性较低。锶化合物的遗传毒性数据很少，目前仅有一项研究报告称，单剂量口服氯化锶会导致小鼠骨髓染色体畸变。然而，锶化合物在体外没有活性。氯化锶不会引起培养中的仓鼠卵母细胞染色体损伤、细菌或仓鼠胚胎细胞中的脱氧核糖核酸（DNA）损伤以及仓鼠胚胎细胞中的细胞转化。硫酸锶在培养的仓鼠肺细胞中未引起染色体损伤，在细菌回复突变试验中也未引起突变。在细菌回复突变试验中，碳酸锶也没有致突变作用。在体外唯一具有遗传毒性活性的锶化合物是铬酸锶。这种铬（Ⅵ）化合物的诱导细菌回复突变试验中的细菌突变、培养的仓鼠成纤维细胞中姐妹染色单体交换和仓鼠胚胎细胞中的细胞转化。但其铬酸盐部分（而非锶）被认为是产生毒性现象的原因，因为铬酸盐是公认的哺乳动物致癌物。

在筛选研究中未观察到锶对繁殖/生育能力或胎儿发育的毒性影响。一项研究显示，在代系饮用水实验中给大鼠喂食氯化锶时，未发现对生育能力产生影响。在使怀孕小鼠反复口服碳酸锶后，在其后代中观察到对骨骼的不利影响。断奶和成年大鼠的重复口服剂量研究表明，锶对幼年动物骨骼的影响比对成年动物更明显。

锶是某些单细胞微生物、钙质藻类、珊瑚和腹足类、双壳类和头足类动物正常发育所必需的。在实验室中，锶对水生生物的急性毒性较低。对于淡水生物，大多数测试基于氯化锶，锶的48h和96h半致死浓度（LC_{50}）为75~910mg/L；根据水蚤的生殖障碍，锶的21d中位有效浓度（EC_{50}）为60mg/L。海洋生物中的急性LC_{50}表明，它们对锶的敏感性更低于淡水生物。

大量短期反复口服药剂研究表明，锶毒性的关键靶点是骨骼和软骨结构。在饮食中（以碳酸锶的形式）添加0.19%的锶20d（假设实验幼年雌性大鼠每天摄入相当于其体重10%的食物，以锶的形式每天约190mg/kg体重），5只幼年雌性大鼠（起始体重40~60g）的骨组织学检测结果正常；当饮食中添加0.38%的锶时［锶含量约为380mg/（kg体重·d）］，近端骺软骨板、干骺端小梁远端和骨干近端的未钙化骨基质区域不规则，骨灰分含量降低；在较高的锶饮食浓度（高达3%）下，肥大区细胞的组织结构以及分离于类骨组织区域之间的未钙化软骨基质带、钙化模式和类骨质沉积更为明显，胫骨的干重、灰分、灰分质量分数和灰分中的钙含量显著降低。在饮食锶含量高达1%时，实验大鼠生长一般不受影响，但在1.5%及以上时，生长减少。断奶大鼠以565mg/（kg体重·d）摄入锶（未指定锶化合物）43d，导致呼吸困难、后肢瘫痪、佝偻病和骨软化症（以骨灰百分比衡量，骨钠含量较低，骨钾含量较高，骨矿化度降低）和死亡，目前尚不清楚瘫痪是神经性还是肌肉性，但可能与肌肉或神经中的异常钙信号有关。

由于钙、锶同族，且原子半径相差不大，锶与钙的一些理化性质十分相似。在人类正常代谢过程中，锶与钙的生物效应不仅可以出现替代作用，还会出现拮抗作用。低锶浓度可以促进对钙的吸收，降低骨质疏松患者的骨折率。在高锶浓度下，虽然不会出现明显的中毒症状，但是高膳食锶会产生不溶性磷酸锶，导致磷的缺乏和佝偻病。

第三章 世界锶资源的分布情况

◆ 世界锶矿的分布

◆ 世界锶水的分布

锶（Strontium）元素是自然界和人体组织中普遍存在的矿物质元素。在化学元素周期表中锶位于第五周期第二主族，是碱性金属，与镁、钙是同一族元素。自然状态下锶家族由四种稳定的天然同位素（^{84}Sr、^{86}Sr、^{87}Sr和^{88}Sr）以及19种不稳定同位素组成，其中^{88}Sr对原子质量贡献最大（占80%以上）。

第一节 世界锶矿的分布

锶在自然界中广泛存在,已知含锶矿物有20多种,但具有工业价值的仅有天青石(硫酸锶)和菱锶矿(碳酸锶)。目前,世界上开采的锶矿都是由上述两种矿物为主组成的锶矿床。菱锶矿的锶含量很高,但资源赋存极少,多伴生于其他矿物中;天青石锶含量低于菱锶矿,但资源总量丰富,因此实际开发利用的锶矿物基本上都是天青石。第二次世界大战结束后,美国国防部认为天青石仍然是重要的战略物资。1960年,美国国防部上调天青石国家储备的标准,要求硫酸锶含量高于95%、硫酸钙含量低于1.5%、硫酸钡含量低于2%,符合该标准的锶矿石也被称为储备级天青石。实际上,锶的应用规模仍以民用领域为主,且全球资源丰富、供给充足。

根据2015年美国地质调查局(USGS)公布的数据,全球锶资源量超10亿t,全球锶矿产量见表3-1,天青石是最重要的锶矿物，但是全球天青石资源分布不均，具有开发价值的矿床不多。现已探明天青石储量约为9000万t，其中墨西哥储量为2000万t，西班牙1000万t，拥有天青石资源的国家还有中国、土耳其、伊朗、塔吉克斯坦、巴基斯坦、俄罗斯、美国、英国、德国、阿尔及利亚、摩洛哥和加拿大等。

总的来说，全球范围内，锶资源非常丰富，短缺或枯竭的可能性很低；但优质资源（天青石原矿品位在80%以上，且伴生的钡、钙含量相对较低）集中分布在墨西哥、西班牙、伊朗、土耳其等少数几个国家。中国锶资源量庞大，但品质低、杂质含量高，资源禀赋不具有竞争优势。阿尔及利亚、加拿大、塞浦路斯、德国、伊朗、意大利、巴基斯坦、美国、英国都曾是锶矿的重要生产国，特别是英国，1968年前世界市场份额一直保持在50%~70%。随着英国等国家的天青石资源枯竭，以及苏联解体，墨西哥、西班牙等国家廉价天青石大规模产出，锶消费规模收缩等因素影响，天青石生产国从20世纪90年代开始迅速缩减。2013年和2014年全球锶矿产量见表3-1。到了2015年，仅有阿根廷、中国、伊朗、墨西哥、摩洛哥、西班牙六个国家开采天青石资源。

表 3-1　全球锶矿产量　　　　　　　　　　　单位：t

国家	2013年	2014年
阿根廷	5000	5000
中国	120000	100000
墨西哥	40000	45000
摩洛哥	2500	2500
西班牙	165000	165000
全球总量	333000	318000

［资料来源：美国地质调查局（USGS）。］

第二节　世界锶水的分布

全球各地的天然矿泉水，有的来自无人居住区的天然冰川，有的来自森林保护区的地下岩层；有海岛天然沉积水，也有火山岩层储水；有水龄过万年的原生态水，也有近于纯净的冰河水。在地理位置上主要集中在北纬$36°\sim46°$一带，这一纬度带被誉为世界"黄金水源带"。该区域海拔高，远离人类污染，自然环境和地质条件独特，经多年岩层天然过滤造就了珍稀水源。阿尔卑斯山、北高加索地区、美国布岭、中国的昆仑山脉与长白山脉等均位于这一纬度带。从分布国家来看，主要有法国、德国、意大利、新西兰、美国和西班牙等。

天然矿泉水富含多种重碳酸盐和钾、钠、钙、镁四种宏量元素以及铁、锌、硅、锶、氟、铜、硼、溴、碘、锂、硒、铬、钼、锗、钴、钒等十余种微量元素，并且各种盐分和离子比例与人体所需基本一致，能很好地补充人体必需的微量元素,满足人体健康的需要。背靠阿尔卑斯山闻名于世的法国依云矿泉水,便因含锶而具有的增强骨健康、美白皮肤等多种功效,深受消费者喜爱。

第四章　世界锶产品概况

- 锶的产品研发现状及进展
- 锶的药物研发现状及进展

第一节　锶的产品研发现状及进展

由于锶的安全剂量值尚不明确,故而已获得上市许可并流通的含锶产品寥寥无几。目前能够明确含有锶的产品多是矿泉水,如依云、圣培露、昆仑山、巴黎水、巴马泉等品牌,但它们也并未将含锶作为产品的卖点。

由于锶极易与空气和水发生化学反应,所以不存在游离态的锶,而都以锶化合物形式出现,主要矿物为天青石和菱锶矿,经过手选、水洗或浮选工艺可得锶精矿,冶炼后可得到重要的中间产品——碳酸锶;中游可进一步反应生成锶盐产品,或采用真空铝热还原等方法制取金属锶;下游应用主要包括烟火、磁性材料、电子陶瓷、金属冶炼、液晶玻璃基板等领域。2018年我国碳酸锶的主要消费领域是锶铁氧体和其他锶盐生产,占比分别为66.0%和21.1%。冶金行业消费量基本稳定在1.2万t,占8.4%,如图4-1所示。

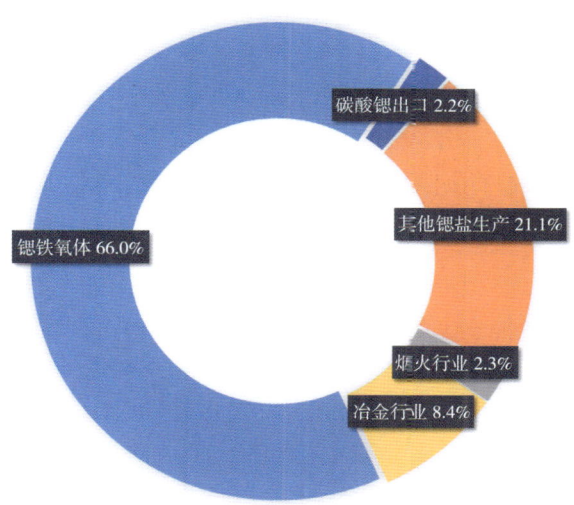

图 4-1　2018 年中国碳酸锶消费结构
（资料来源：华经情报网。）

锶在工业、制造业等领域的应用十分广泛，在食品研发领域，目前常见的富锶产品以富锶矿泉水、富锶饮料为主，还有一些由各大高校或科研院所与富锶地区政府联合打造的富锶农产品，例如富锶黑小麦、富锶苹果等，但其产业体系、市场体系尚未成熟。

第二节 锶的药物研发现状及进展

锶可以与蛋白质结合，并且由于其与钙的相似性，可以与各种无机阴离子（如碳酸盐和磷酸盐）以及羧酸（如柠檬酸盐和乳酸）形成复合物。基于锶的生理生化功能，法国Servier公司开发出了一种治疗骨质疏松的药物——雷奈酸锶（图4-2），它既能促进骨形成，又能抑制骨吸收，能较平衡地调节骨的变化，该药物的出现成为抗骨质疏松的重要里程碑。雷奈酸锶外观为白色至微黄色粉末或结晶性粉末，无臭、微溶于水、几乎不溶于乙醇、易溶于稀盐酸，于2004年11月在爱尔兰首次上市，同年12月在英国上市。日本藤泽制药公司拥有其在日本的开发、生产和销售权。

雷奈酸锶分子结构（图4-3）包含2个非放射性锶离子和1个雷奈酸（Ranelic acid）根离子，化学名为5-［双（羧甲基）氨基］-2-羧基-4-氰基-3-噻吩乙酸二锶，是

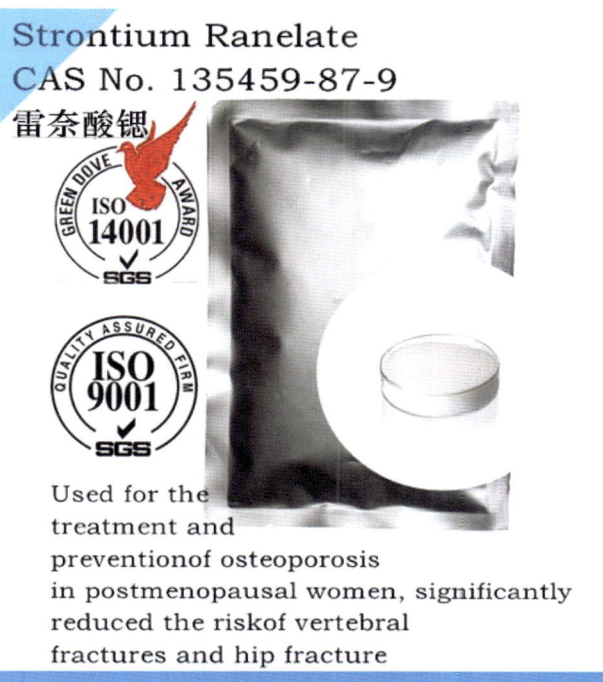

图 4-2　雷奈酸锶药物（法国 Servier 公司）

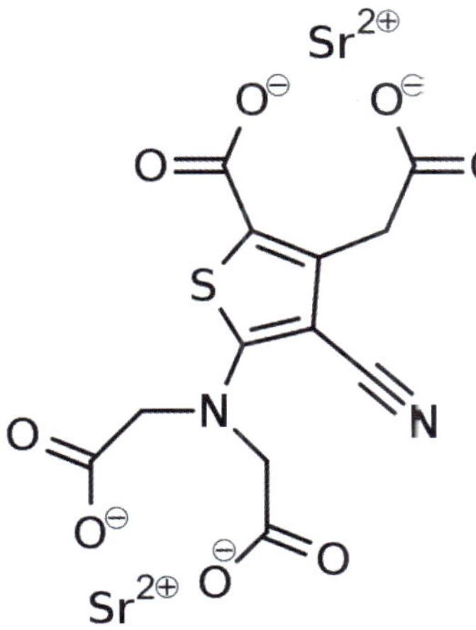

图 4-3　雷奈酸锶化学分子结构

（资料来源：Pilmane *et al.*, Strontium and strontium ranelate: Historical review of some of their functions. Materials Science and Engineering: C. 2017, 78: 1222-1230.）

目前国内已上市的主要的临床使用含锶药物。锶离子参与骨的钙化，并且具有刺激成骨细胞骨形成和抑制破骨细胞骨吸收的功能，可以改善骨骼的机械抗性，不影响骨骼矿化，不改变骨结构晶体。雷奈酸是强极性的有机酸，无药理活性，但能与二价锶离子形成稳定的螯合物。国内外文献报道的雷奈酸锶合成方法基本是以柠檬酸为原料，经过脱羧、成酯、环合得到5-氨基噻吩，后经过烷基化生成的5-氨基噻吩四乙酯在碱性环境中水解、成盐，生成雷奈酸锶。该药物是首个上市的能同时抑制骨吸收和促进骨形成的药物，在体内外有极好的生物活性以及良好的生物利用度和耐受性。

雷奈酸锶的作用机制仍在研究中，但有证据表明，它通过改变骨材料的特性增加骨强度，雷奈酸锶可显著增加脊柱和髋关节骨密度。使用雷奈酸锶的骨质疏松患者3年内髋部骨折的相对风险降低了36%。其他含锶药物如柠檬酸锶、氯化锶等可作为食品添加剂，此两者也被证明具有抗骨质疏松的作用，但仍处于临床试验阶段。

雷奈酸锶对于促进成骨细胞介导的骨形成和抑制破骨细胞介导的骨吸收的双重作用已经在体外和体内进行了广

泛的研究，其作用机制如图4-4所示，但雷奈酸锶在治疗和预防骨质疏松的同时，也可能具有一些潜在副作用。当前对于雷奈酸锶的建议起源于该药物的再评估程序。有研究报告显示，可观察到使用雷奈酸锶者心肌梗死增加的信号。欧洲药物警戒风险评估委员会（PRAC）基于对该药物的常规益处风险评估（其中包括显示心脏病风险可能增加的数据，包括心脏病发作等。）建议限制使用雷奈酸锶。2013年5月13日，法国公司Servier发布了一份医疗保健专业通讯，声明由于随机试验显示心肌梗死的风险增加，对

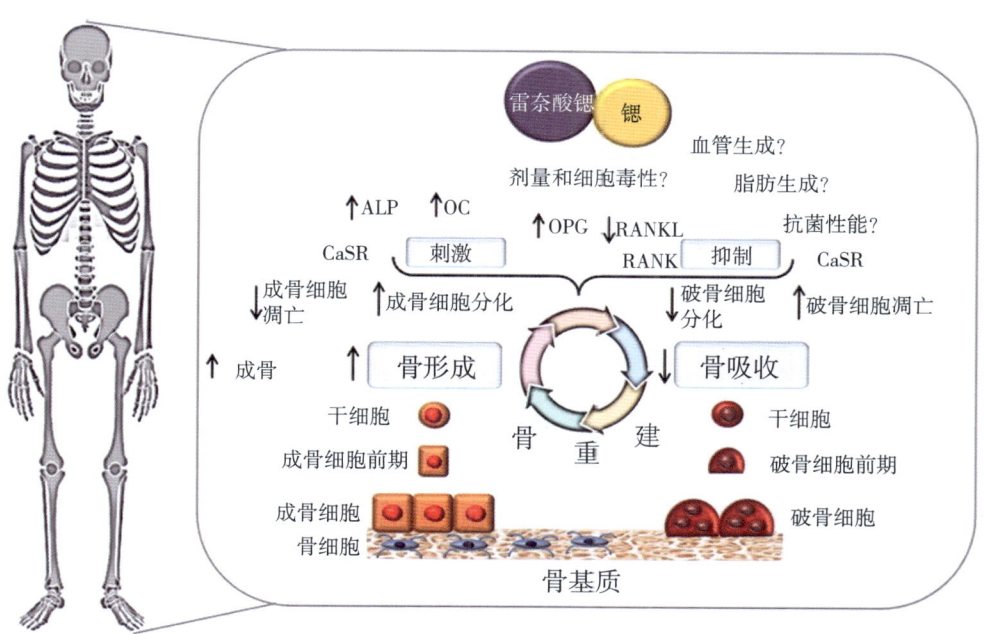

图4-4 雷奈酸锶促进骨形成和抑制骨吸收的双重作用及其作用机制

（资料来源：Pilmane et al., Strontium and strontium ranelate: Historical review of some of their functions. Materials Science and Engineering: C, 2017, 78: 1222-1230.）

使用雷奈酸锶的新限制已经到位。Servier的报道指出，雷奈酸锶仅限于治疗骨折风险高的绝经后妇女的严重骨质疏松。2014年2月21日，欧盟药品管理局（European Medicine Agency，EMA）建议雷奈酸锶仍然可用，但对现有心脏病患者应有限制。2017年，一项针对超过280000名患者（来自英国和西班牙）的大型研究发现，与阿仑膦酸钠相比，雷奈酸锶使用者的静脉血栓栓塞风险并未增加。英国和丹麦的观察性队列研究或处方数据库、药物上市后研究、处方事件监测中也没有发现任何这样的情况。但Servier仍然决定停止生产该药物，直到2019年以Strontium ranelate Aristo重返英国市场。

欧盟药品管理局在对雷奈酸锶的科学性讨论中提出，研究者们对该药物进行安全性研究时发现其对啮齿动物、狗和猴子口服（2.5mg/kg）或静脉注射的单剂量毒性研究（高达152mg/kg）显示，少数猴子服药后会发生呕吐，没有治疗相关毒性。故此，雷奈酸锶的急性毒性较低。通过灌胃给药大鼠［高达750mg/（kg·d），持续26周］和猴子［高达1250mg/（kg·d），持续52周］的重复剂量毒性研究，获得了长期效应信息。来自与小鼠［52周高达7500mg/（kg·d），104周高达1800mg/（kg·d）］和大鼠

［104周高达900mg/（kg·d）］致癌性相关的饮食研究的数据，以及来自OVX大鼠和猴子的药效学研究数据进一步提供了信息。最终认为，雷奈酸锶不会在动物体内引起钙或磷稳态失调或导致调节这些系统的激素的可检测失衡。

第五章 中国锶资源的分布情况

◆ 我国主要锶成矿带分布及其特点

◆ 我国锶型矿泉水资源分布及其特点

第一节 我国主要锶成矿带分布及其特点

截至2019年底的普查，我国锶矿资源主要分布在青海、重庆、陕西、湖北、江苏、云南、新疆7个省（区），查明资源储量5621.69万t（以天青石计）。青海省查明锶资源储量最大，约占全国总储量的50%。2020年7月，在重庆市大足兴隆矿区发现了一处资源量超过1500万t的超大型锶矿床。锶矿床主要形成于喜马拉雅期、印支期、燕山期三个成矿时代。但总体而言，在已探明的锶矿中，我国锶矿分布具有大矿少，小矿多；富矿少，贫矿多；单一矿少，伴生矿多的成矿特点。

经过大量的文献资料检索以及全国地质资料馆非涉密性公开资料的收集整理，梳理出目前我国主要的7个锶资源富集地区的代表性矿床。

1. 青海

海西蒙古族藏族自治州茫崖市花土沟镇大风山锶矿，

位于柴达木盆地西部，隶属于秦祁昆成矿域昆仑成矿省柴达木盆地锂硼钾钠镁盐类—石膏—石油—天然气成矿区，属盆地内部强烈沉降盐湖带中部大浪滩—察尔汗盐湖亚带，主要成矿带位于大浪滩—大风山—察汉斯拉图一带，是我国最大的陆相湖泊化学沉积型天青石矿床成矿区。

2．重庆

大足区兴隆锶矿，合川区干沟锶矿、盐井沟锶矿等，矿区皆位于四川—重庆华蓥山锶成矿带上。其中，大足区兴隆锶矿位于大足县城85°方位，水平距离约28km处的古龙乡，呈北东南西向展布，南西起大足县古龙乡瓦窑湾一带，北东至大足县古龙乡陈家坡一带，地理坐标：东经105°57′30″～106°01′50″，北纬29°38′30″～29°44′05″，面积约8.8258km^2，属特大型矿床。目前矿藏量为亚洲第一。

3．陕西

商洛市洛南县黄龙铺钼矿伴生矿，黄龙铺钼矿床中脉石矿物"钡天青石"以其颜色、晶体体积和形态引人瞩目。该矿床的辉钼矿—方铅矿—黄铁矿—天青石—石英—方解石脉呈大脉和网脉状，产于熊耳群细碧岩内。钡天青石除在黄龙铺产出外，在邻近地区构成矿床点。

4．湖北

黄石市狮子立山—凤梨山铅锌锶矿，位于黄石地区鄂东锶成矿带上，地理坐标：东经114°59′49″~115°02′00″，北纬30°12′06″~30°12′48″，面积约4.64km^2。矿区位于黄石市团城山经济技术开发区内，行政隶属黄石市黄石港区，管辖矿山位于城区。该矿中锶为铅锌的伴生矿。

5．新疆

巴音郭楞蒙古自治州和硕县可可乃克天青石矿，矿区属于塔里木—南疆地层大区，中南天山—北山地层区，中天山—马鬃山地层分区，博罗霍洛山地层小区。估算天青石矿石资源量281.96万t，天青石矿物量122.27万t，锶金属量584764.70t，属特大型矿床。

6．江苏

南京市溧水区爱景山锶矿、卧龙山锶矿，矿区皆位于溧水盆地苏南锶成矿带上。爱景山锶矿属大型规模矿床，卧龙山锶矿属中型规模矿床。

7. 云南

怒江傈僳族自治州兰坪白族普米族自治县金顶铅锌矿伴生矿（金顶锶矿床），位于西南三江褶皱系南段的兰坪中—新生代盆地，处于澜沧江与金沙江—哀牢山两个构造带之间的昌都—思茅微板块，东侧与扬子板块相接，西侧与藏滇板块毗邻。

第二节　我国锶型矿泉水资源分布及其特点

相比于锶矿，锶型矿泉水在我国分布较为广泛。在山东、甘肃、湖北、贵州、吉林、安徽、广西等地均有分布。究其成因，矿泉水中的锶元素主要来源于岩石，富锶矿物所在的岩层（主要为碳酸盐岩）随着各地区的地壳运动不断发生变化，经风化、剥蚀作用后被搬运到不同地区沉积，同时含锶矿物也被带到了各个含水层。经地下水溶滤作用，锶以离子形式进入该地区地下水系统中。地下水在岩层中停留时间越长，Sr^{2+}的含量越高。

形成锶型矿泉水的主要地貌包括低山、丘陵、盆地、岩溶等。但形成高品质的锶型矿泉水的构造条件往往伴随大尺度的断裂以及大规模裂隙（两者至少需要满足其一），前者是远源循环的必要条件，后者对于矿泉水赋存运移极为关键。和自然界其他元素一样，锶元素分布状况和存在形式在自然条件和人类活动下都会改变，造成地下水中锶的分布异常。

山东是全国勘查评价饮用天然矿泉水较多的省份之一，也是全国已查明矿泉水资源最多的省份。至2022年2月底，已勘查评价矿泉水点361处，查明允许开采量$22.40\times10^4 m^3/d$。已鉴定的361处矿泉水点共分13种类型，其中锶偏硅酸型最多，达151处，占总点数的41.8%；锶型118处，占总点数的32.7%；偏硅酸型64处，占总点数的17.7%；另外尚有碘型、碘锶型、偏硅酸锌型、锶偏硅酸溴锌型以及锶偏硅酸碘型等10种类型共28处，仅占总点数的7.8%。

甘肃省内共发现锶矿泉水点411处，偏硅酸矿泉水点16处，锂矿泉水点8处，碘矿泉水点4处，锌矿泉水点5处，硒矿泉水点11处。省内饮用天然矿泉水资源丰富，类型以锶矿泉水为主，其他类型的矿泉水点零星分布。结合区域水文地质条件，在甘肃省共圈定出24处锶矿泉水的富集区及勘查靶区，其中东部地区在陇东盆地白垩系地下水、陇东地区第四系地下水、陇西部分新近系盆地地下水、陇西部分第四系盆地地下水和六盘山东麓地区岩溶水中共圈定出11处锶矿泉水富集的水文地质单元；在甘肃省西部地区的走廊平原区和山地区共圈定出13处锶矿泉水的富集分布区。锶型矿泉水产出率由多到少依次分布于河西走廊（82.2%）、陇东黄土高原（80.2%）、甘南高原（67.2%）、北山区（61.5%）、祁连山—阿尔金山区（59.7%）、陇西黄土高原（53.5%）、陇南山地（19.6%）。按不同类型地下水及地表水中锶含量达标率分析，白垩系、新近系碎屑岩类孔隙裂隙水最高（平均85.4%），其次为第四系松散岩类孔隙水、断裂破碎带裂隙孔隙水、基岩裂隙水和碳酸盐岩裂隙岩溶水（平均53.2%），地表水最低（平均32.7%）。新近系—白垩系碎屑岩类孔隙裂隙水中锶元素最易富集。

通过对贵州省112个饮用天然矿泉水样品对人体有益组分含量的分析，结合各类饮用天然矿泉水的评价标准，贵州省饮用天然矿泉水以单一型为主，占比高达71.43%，其中尤以单一锶型饮用天然矿泉水为主，其所占单一型饮用天然矿泉水的比例为92.5%，其次为单一偏硅酸型和单一硒型，其占比分别为6.3%和1.3%；二元复合型饮用天然矿泉水类型有偏硅酸+锶二元型、锶+锂二元型以及锂+偏硅酸二元型三种，其中以偏硅酸+锶二元复合型为主，共计24样，占比达88.9%；三元复合型饮用天然矿泉水总体数量最少，仅为5样，类型为锂+锶+偏硅酸和硫化氢+锶+偏硅酸两种，其分别有4样和1样。

湖北省矿泉水资源同样丰富，省内共有69处饮用天然矿泉水点。按其达标组分将省内饮用天然矿泉水分为5种类型，即含锶型矿泉水、含偏硅酸型矿泉水、含锶-偏硅酸复合型矿泉水、含硒-锶复合型矿泉水、含硒型矿泉水。其中，单指标类型饮用天然矿泉水点有38处，占矿泉水点总数的55.1%；双指标复合类型优质饮用天然矿泉水点有31处，占矿泉水点总数的44.9%。含锶型矿泉水在湖北省内分布有18处，占全省矿泉水点总数的26.08%，是全省数量较多的饮用天然矿泉水类型之一。含锶-偏硅酸复合型矿泉水在湖北省内分布有29处，占全省矿泉水点总数的43.47%，是全省数量最多的饮用天然矿泉水类型。含锶-偏硅酸复合型矿泉水主要分布于江汉盆地、南襄盆地的武汉、宜昌、襄阳、荆门、孝感、荆州等市，其他地区零星分布。湖北地下水中锶含量大于2mg/L时，水中阳离子以Ca^{2+}、Mg^{2+}为优势离子，阴离子以SO_4^{2-}为主；地下水中锶含量在0.70~10mg/L时，水中阳离子以Na^+为主，阴离子以Cl^-为主；地下水中锶含量小于0.70mg/L时，水中阴离子以HCO_3^-为主。

吉林省矿泉水资源丰富，质优量丰，也是一个名副其实的矿泉水大省。吉林省境内的矿泉水成因类型有三种，即火山活动型、断裂裂隙型和沉积盆地型。据资料统计，全省已发现并通过技术鉴定的矿泉水点达270余处，总允许开采量$15 \times 10^3 m^3/d$以上。受其形成条件的影响，这些矿泉水呈不均匀分布的特点。依据地质构造、水文地质条件、水化学特征及热源等影响因素，全省可划分为6个矿泉水带。吉林省矿泉水水源地众多，根据《食品安全国家标准 饮用天然矿泉水》（GB 8537—2018）判定，其矿泉水类型主要以偏硅酸型为主，偏硅酸锶复合型次之，52个水源地全部偏硅酸达标，质量浓度为28.05~69.42mg/L。其中偏硅酸+锶两项达标的有16处（长春7处、吉林5处、龙井2处、通化1处、白城1处）；偏硅酸、锂、锶、溶解性总固体、游离二氧化碳5项均达标的1处，是位于抚松县松江河镇松山林场的世稀泉，此处矿泉水是吉林省唯一一家5项界限指标均达标的矿泉水，为稀有的复合型天然矿泉水。

安徽省饮用天然矿泉水资源丰富，在全省16个地级市（74个县区）均有分布，现已勘查评价的矿泉水水源地140处，涉及矿泉水井（泉）点150点。这些天然饮用矿泉水共有12种类型，分别为锶型饮用天然矿泉水、偏硅酸型饮用天然矿泉水、碘型饮用天然矿泉水、锶-偏硅酸型饮用天然矿泉水、锶碘溶解性总固体型饮用天然矿泉水、锶-碘型饮用天然矿泉水、锶锌型饮用天然矿泉水、偏硅酸锌型饮用天然矿泉水、锶溶解性总固体型饮用天然矿泉水、锂偏硅酸型饮用天然矿泉水、锂锶偏硅酸型饮用天然矿泉水、锶偏硅酸游离二氧化碳型饮用天然矿泉水，其中锶型、偏硅酸型、锶偏硅酸型为安徽省矿泉水的主要类型，占全省矿泉水井（泉）点总数的76.67%。全省发现锶型矿泉水共30点，占发现矿泉水点的20.00%，是全省发现数量较多的矿泉水类型之一。除池州、铜陵等市没有分布外，在其他地市均有分布，以合肥市分布较为集中，平面分布除皖南较少外，无明显规律性，锶含量0.32～3.93mg/L、pH6.50～8.50，水化学类型以HCO_3–Ca、HCO_3–Na型为主。

水土资源是农业资源的基础，依据水土中锶含量的分布，可推测农作物中锶含量的分布概况，为下一步全国主要农产品中锶含量监测调查提供基础信息。

第六章 中国锶产品开发

- 中国锶产品的种类
- 中国富锶产品的发展现状及存在问题
- 锶产业与乡村振兴

第一节 中国锶产品的种类

目前我国含锶产品比较成熟的是锶型矿泉水,其他产品尚未形成规模和品牌,只是零星散状分布。

1. 锶型矿泉水

饮用天然矿泉水含锶量国家标准为0.2mg/kg,目前市面上在售的锶型矿泉水含量大多在0.4mg/kg以上,且富含钾、钙、钠、镁等其他多种矿物质,如图6-1所示为市场

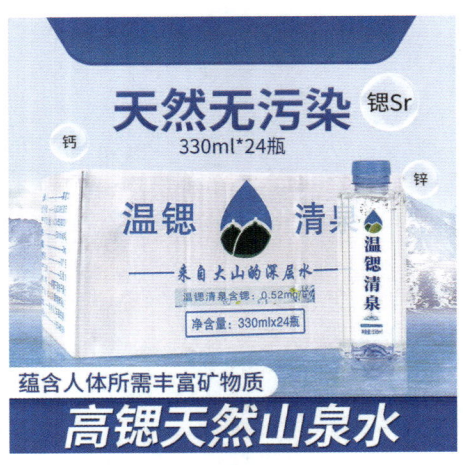

图6-1 锶型矿泉水案例之一

商品实例。锶型矿泉水多为弱碱性，水质透亮，口感清冽爽口。

2. 富锶经济作物

富锶经济作物以硒锶茶、富锶苹果、富锶葡萄为代表。在一些富锶地区，由于锶含量丰富，为了利用自然资源，因地制宜推动当地经济发展，由政府牵头优化产业结构，立足生态、区位、富锶等独特优势培育富锶品牌。

以"古龙春茶""道真硒锶茶"等为代表的富硒锶茶品牌相继建立。根据道真自治县投资促进局的资料显示，道真自治县区域所产茶叶（图6-2）每克中含硒1.5~4mg/kg、锶7mg/kg，这两种微量元素的含量居全国之首。由于在选

图6-2　贵州道真自治县（过去为贫困县）扶贫产品

料和生产工艺上富硒锶茶会比普通茶叶更讲究,所以市场销售价格也比普通茶叶高出20%~30%。

富锶苹果以山东沂源的"沂源红"为代表。沂源富锶苹果以"中国矿泉水之乡"的富锶高山矿泉水,通过水肥一体化自动滴灌系统灌溉。"沂源红"色艳、皮薄、汁多、肉脆。中国农业科学院富锶农产品研究团队发布的《山东省沂源县富锶苹果产业发展报告》显示,"沂源红"富锶苹果中锶含量高达1.66mg/kg。

金箭山的富锶葡萄由泰山木鱼石石层渗出的地下水灌溉生长,地下水含有偏硅酸、锶、钼、锂、锌、硒等十多种微量元素。根据山东省食品药品检验研究院的检测,富锶葡萄中锶含量在0.34mg/kg。

3. 富锶粮食作物

为了促进脱贫攻坚,不少富锶区积极推进科技扶贫,联农带农,打造功能农产品特色品牌。现广泛种植的富锶粮食作物(图6-3)以甘肃省临泽县的富锶黑小麦、山西省来远县的富锶小米、山西省灵丘县富锶水稻、山东省济南市(长清区)富锶山药为代表。

（1）甘肃省临泽县富锶黑小麦　　　（2）山西省来远县富锶小米

（3）山西省灵丘县富锶水稻　　　（4）山东省济南市（长清区）富锶山药

图 6-3　富锶粮食作物

4．富锶农副产品

辽宁省康平县卧龙湖湖水（枯水期）含锶量可达1.83mg/L，经过近几年的治理，卧龙湖野生鱼储存量超过1000万kg。因此处水锶量高，卧龙湖鱼又被称为"锶鱼"，如图6-4（1）所示。卧龙湖"锶鱼"肉质鲜美，营养丰富，更为康平县打出了独有的农副产品品牌。

因高锶水打造富锶农副产品品牌的还有吉林省长春市

（1）辽宁省卧龙湖富锶鱼　　（2）吉林省张大村富锶鹅

图 6-4　富锶农副产品

张大村的富锶鹅产品［图6-4（2）］。在吉林大学食品科学与工程学院的技术支持下，将高锶水应用到项目产业中，开发出特有的"富锶"系列产品。张大村富锶系列鹅产品，以玉米田间放养，采食玉米底叶及杂草为主饲，饮用张大村特有的高锶山泉水，全程采用无抗生素技术养殖。鹅肉鲜嫩、绿色、无抗。但针对富锶农副产品的锶含量，目前尚无准确检测结果。

目前我国富锶产品（农产品）已开发的品类见表6-1。

表 6-1　我国富锶产品（农产品）已开发的品类

类别	产地
锶型矿泉水	全国多省分布
硒锶茶	贵州省道真县
富锶苹果	山东省沂源县
富锶黑小麦	甘肃省临泽县
富锶小米	山西省来远县
富锶水稻	山西省灵丘县
富锶葡萄	山东省济南市金箭山
富锶鹅产品	吉林省长春市九台区其塔木镇张大村
富锶山药	山东省济南市长清区
富锶鱼	辽宁省沈阳市康平县卧龙湖

第二节　中国富锶产品的发展现状及存在问题

1. 尚处起步阶段，产品参差不齐

（1）基础研究层面的匮乏，使得锶的功能、锶的安全性尚未明确。

锶摄入安全限量尚不清楚，产品标准参差不齐。以市场上的锶型矿泉水为例，其中锶含量指标有高有低，由于没有明确的锶摄入安全限量标准，导致富锶矿泉水市场无序生长，只能低调发展。自20世纪90年代以来，中国的矿泉水行业迅猛发展。截至2022年，全国共有矿泉水生产厂家1000多家，年产量280万t，为20世纪80年代的10倍。目前我国主要的矿泉水类型有含锶型和偏硅酸型，呈现出品种单调的问题。21世纪以来，中国饮用水行业进入稳步成长阶段。各种品牌的纯净水、天然富含矿物质水、蒸馏水、矿物质水纷纷出现在全国市场。中国饮用水市场竞争日趋激烈，包括天然富含矿物质水在内的饮用水行业受到

了一次大的冲击。但是，与此同时，消费者也明显提高了科学饮水观念，生产企业也从竞争中悟出了发展多元化饮用水产业的道理。尽管中国天然饮用水年人均消费量只有几升，远远低于世界先进国家，但其发展趋势是不可阻挡的，中国天然饮用水、矿泉水市场每年都以近20%的速度递增。

矿泉水行业步入稳步成长阶段的同时，形成了以农夫山泉、百岁山、康师傅等本土品牌为主导，雀巢、依云、斐济等有名气的国外品牌以及一些实力较弱的地方中小企业品牌的"两大一小"格局。张建江等人收集了国内市场上销售的347种瓶装水信息，发现有121种标注有锶含量，最小值为0.01mg/L，最大值高达45mg/L。有调查显示，日本大阪超市的33种天然矿泉水中，锶的最高含量为13.64mg/L；德国908个矿泉水样本中，锶平均含量为0.54mg/L，最高含量为26.90mg/L。在美国，来自地表水和地下水的公共供水中锶的平均浓度分别为1.10mg/L（范围为0.2～3.68mg/L）和0.81mg/L（范围为0.010～3.5mg/L）（数据来自2002年美国环境保护局）。在早期调查中，美国几乎所有城市供水中的锶浓度均低于1mg/L（数据来自1963年美国地质调查局）。在德国，1990—1992年，近4000个饮用水样本中的锶平均浓度为0.34mg/L，第10和第95百分位值分别为0.06mg/L和0.93mg/L，最大记录浓度为4.82mg/L。加拿大在1995—1996年对100个易耗瓶装水样本进行的调查中，锶浓度范围从蒸馏水或反渗透水中的1.3μg/L到矿泉水中的1.44mg/L。但市售主流矿泉水品牌鲜有将"锶""高锶"等作为卖点进行营销的情况，卖点与锶相关的矿泉水品牌多为中小企业。

（2）产业链松散、脆弱、延伸不够。

当前，富锶食品产业发展尚处于起步阶段，富锶食品产业的发展主要集中在锶资源富有地区对锶资源的开发利用，定位也多以农业为主。目前的富锶食品产业，产品多以锶型矿泉水和农产品、农副产品为主，产品结构简单，没有创新型产品研发。富锶产品品牌意识不足，区域品牌未与产地建立有效联系，在市场流通中无法进行有效打假。产业链松散、脆弱、延伸不够也是富锶产业的一大问题，这致使富锶农产品不能通过高加工、高附加值转化为具有竞争力的高端农产品，无法产业化经营，并与第二、第三产业融合。

2. 产品标准空白，产业发展停滞

（1）我国尚无任何关于富锶食物的锶含量标准。

仍以锶型矿泉水为例，我国各省锶型矿泉水中的锶含量各不相同，产品标签含量信息也千差万别。GB 7718—2011《食品安全国家标准 预包装食品营养标签通则》对于富锶水中的"富锶"这一概念也并未做出相应规范。GB 8537—2018《食品安全标准 饮用天然矿泉水》中，对饮用天然矿泉水的定义是：从地下深处自然涌出的或经钻井采集的，含有一定量的矿物质、微量元素或其他成分，在一定区域未受污染并采取预防措施避免污染的水；在通常情况下，其化学成分、流量、水温等动态指标在天然周期波动范围内相对稳定。标准中明确规定，锶属于界限指标。七项界限指标项目中至少有一项要达到要求，其中对锶含量的要求是≥0.20mg/L，没有上限。

（2）全球很少有资料提出饮水中锶的上限量，且标准不统一。

基于对幼鼠骨骼效应的研究，加拿大政府提出锶的最大允许摄入量为7.0mg/L；而美国新泽西州则将这一建议值限定在2.0mg/L。全球主要国家对富锶型矿泉水的锶含量标准各不相同，从最低值到最高值差异都较大，没有形成统一的共识和标准。

3. 市场运行混乱，消费者选择困难

产品参差不齐、尚无标准限定，使得消费者无法选择所需商品。一是消费者对锶的了解不足，锶的科普宣传和消费者接受过程尚未完成；二是由于富锶产品结构单一，品牌销售渠道不完善，且富锶产品的国家标准没有准确指标，导致消费者不知道如何选购目标产品。

第三节　锶产业与乡村振兴

为深入贯彻落实习近平总书记关于巩固拓展脱贫攻坚成果和全面推进乡村振兴重要讲话和指示精神，山东省淄博市沂源县作为革命老区县、山区农业县，与中华人民共和国农业农村部食物与营养发展研究所富锶农产品研究团队合作，率先推动富锶产业发展，挖掘当地资源特色，依托科研院所政策、人才、信息、资源优势，促进区域农产品高质量发展，县域全面推进乡村振兴事业。

一、山东沂源水土锶资源监测调查情况

沂源地处沂蒙腹地，是沂蒙革命老区的重要组成部分。境内山峦起伏，是山东省平均海拔最高的县，有"山东屋脊"之称。沂源县交通闭塞，经济基础薄弱，贫穷的状况多年无法改变。1985年，沂源县被确定为全国重点贫困县，1994年调整为山东省重点贫困县，经过历次扶贫攻

坚，1997年实现了整体脱贫，2001年被确定为山东省扶贫开发工作重点县。习近平总书记多次强调"要脱贫也要致富，产业扶贫至关重要"。发展产业是实现脱贫、防止返贫的根本之策，也是实现乡村振兴的重中之重。

沂源县地处北纬35°55′~36°23′，位于世界苹果生产最佳纬度带上。全县现有苹果种植面积70万亩，年产量125万t，果业是当地农业经济的"顶梁柱"，是脱贫攻坚的"压舱石"，农民70%收入来源于果业经济。

1．地理位置独特

沂源1944年建县，总面积1636km^2，辖10个镇、2个街道、1个省级经济开发区，467个村（居）、19个社区，人口57.6万（截至2021年4月）。沂源县因沂河发源地而得名，是山东省的几何中心，处在淄博、济南、泰安、临沂、潍坊五市的结合部。沂源县位于北纬36°东经118°，光能资源居全省之首，光照百分率为全国之冠，森林覆盖率达到48%，土壤多为壤土、砂壤土，富含钾、钙等矿物质营养元素，有着发展绿色无公害果品、蔬菜得天独厚的条件。其自然条件可与日本长野、法国里昂、美国罗切斯特和意大利都灵等世界知名苹果产区相媲美。

2. 生态功能突出

沂源属暖温带季风区域大陆性气候，四季分明。春季回暖迟而迅速，风大雨少。夏季湿热多雨，间有干旱。秋季凉爽，干燥少雨。冬季寒冷，雨雪稀少。而沂源是沂河、弥河、汶河"三河之源"，其中以沂河水系最大，属淮河流域。全县有大小河流1530条，水库114座，年均水资源总量4.62亿m^3，被誉为"齐鲁水塔"。沂河水系的主要河流是沂河，主河道由田庄水库流向东南，从韩旺乡西南部流出县境，境内长84.6km，河床最宽处800m，最窄处百余米，流域面积涉及15个乡（镇），共1451km^2。沂河支流螳螂河发源于鲁山西南部的三府山，向东南流经土门镇、南麻镇，由北向南穿越县城，在城区南部汇入沂河，全长27km，流域面积187km^2。

沂源县矿泉水分布广、储量大、品种多、水质优，富含锶、偏硅酸等微量元素及矿物质，被专家认定为"富锶型矿泉水集中分布区"，有"中国矿泉水之乡"之美誉。

3. 锶资源丰富

沂源县域农业用水和土壤中含有丰富的锶资源。中华人民共和国农业农村部食物与营养发展研究所于2021年

4月起，对淄博市沂源县农业生产用灌溉水样和土样进行了监测调查，特别对其土壤和水中的锶含量及其他重金属含量进行了检测分析，结果如下。

（1）该地区水样锶含量远高于已有"富锶"标准。检测的水样品中，锶含量为5.48mg/L，远高于国家标准饮用天然矿泉水中锶≥0.20mg/L的界限含量，也高于已有研究文献0.4mg/L的标准界定。

（2）该地区土壤样品中锶达到"二级"丰度。检测的土壤样品中，平均锶含量为160mg/kg。按照湖北省对土壤中锶含量的分级，大于200mg/kg为很丰（一级），109~200mg/kg为丰（二级）。山东淄博沂源县土壤中锶丰度已达到"二级"丰度。

（3）在富含锶元素的情况下，其他重金属元素并未超标（包括铅、汞、镉、砷），如表6-2所示为沂源县农业灌溉用水样中锶含量检测结果，如表6-3所示为沂源县农业灌溉用水样其他金属元素含量检测结果，表6-4为沂源县农业用土壤样品中锶含量检测结果，表6-5为沂源县农业用土壤样品中其他金属元素含量检测结果。

表 6-2 沂源县农业灌溉用水样中锶含量检测结果   单位：mg/L

样品类别	锶含量检测结果
水样1（山上泉水、灌溉水）	5.48
水样2（鲁山镇北流水村）	5.45
水样3（中庄镇富家庄村）	1.96
水样4（石桥镇分水官村）	4.91
水样5（悦庄镇西鲍庄村）	2.76

注：锶的检测方法依据《地下水质检验方法 感耦等离子体原子发射光谱法测定锶、钡》（DZ/T 0064.42—1993）。

表 6-3 沂源县农业灌溉用水样其他金属元素含量检测结果 单位：mg/L

样品类别	元素含量					
	锌	汞	砷	硒	镉	铅
水样1	<0.00067	<0.00004	0.0006	<0.0004	<0.00005	0.00010
水样2	0.0170	<0.00004	0.0006	<0.0004	<0.00005	0.00064
水样3	0.00404	<0.00004	<0.0003	<0.0004	<0.00005	0.00027
水样4	0.531	<0.00004	0.0005	<0.0004	<0.00005	<0.00009
水样5	<0.00067	<0.00004	0.0006	<0.0004	<0.00005	<0.00009

注：锌、镉、铅的检测方法依据《水质 65 种元素的测定 电感耦合等离子体质谱法》（HJ 700-2014）；汞、砷、硒的检测方法依据《水质 汞、砷、硒、铋和锑的测定 原子荧光法》（HJ 694—2014）。

表 6-4 沂源县农业用土壤样品中锶含量检测结果   单位：mg/L

样品类别	锶含量
土壤样1（西里镇大家万村）	140
土壤样2（鲁山镇北流水村）	184

续表

样品类别	锶含量
土壤样3（中庄镇富家庄村）	162
土壤样4（石桥镇分水官庄村）	232
土壤样5（悦庄镇西鲍庄村）	136

注：锶的检测方法依据《沉积物、污泥和土壤的酸消解法》《电感耦合等离子体发射光谱法》（US EPA 3050B：1996和US EPA 6010D：2018）。

表6-5 沂源县农业用土壤样品其他金属元素含量检测结果 单位：mg/L

样品类别	元素含量					
	锌	汞	砷	硒	镉	铅
土壤样1	85	0.025	11.0	0.11	0.23	39
土壤样2	68	0.036	12.8	0.11	0.12	18
土壤样3	73	0.033	11.6	0.15	0.19	21
土壤样4	67	0.022	6.31	0.17	0.10	14
土壤样5	75	0.055	7.09	0.24	0.15	24

注：锌、铅的检测方法依据《土壤和沉积物 铜、锌、铅、镍、铬的测定 火焰原子吸收分光光度法》（HJ 491—2019）；汞的检测方法依据《土壤质量 总汞、总砷、总铅的测定 原子荧光法 第1部分：土壤中总汞的测定》（GB/T 22105.1—2008）；砷的检测方法依据《土壤质量 总汞、总砷、总铅的测定原子荧光法 第2部分：土壤中总砷的测定》（GB/T 22105.2—2008）；硒的检测方法依据《土壤中全硒的测定》氢化物发生-原子荧光光谱法（NY/T 1104—2006）；镉的检测方法依据《土壤质量 铅、镉的测定 石墨炉原子吸收分光光度法》（GB/T 17141—1997）。

二、沂源县农产品锶含量监测调查情况

中华人民共和国农业农村部食物与营养发展研究所对沂源县区域内不同种类的优质特色农产品（包括苹果、猕

猴桃、葡萄、桃、西红柿、辣椒、佛手瓜等）的营养成分及含锶量进行了检测分析，明确了当地农产品的富锶特色优势，尤其是富锶苹果，其锶含量高达1.66mg/kg，具有极佳的优质农产品开发潜力。随后对县域内不同种类苹果进行了进一步采样检测，并与全国其他主产区主要品种的苹果进行了比较，分析了苹果的营养成分及锶含量。

1. 营养成分丰富

沂源苹果主要为红富士苹果芽变品种，皮薄色艳、肉脆多汁、酸甜适中、风味醇厚，果实很大，遍体通红。果肉清脆而甜美，富含蛋白质、胡萝卜素、维生素、膳食纤维、果酸、矿物质元素等营养物质。果皮表面覆有鲜红色条纹，果肉黄白色，肉质细脆，酸甜适口，有香味，品质上等。基本营养成分未见统计学意义上的显著差异（表6-6）。

表6-6 沂源"富锶苹果"营养成分检测结果

检测项目	单位	富锶苹果	普通苹果	检测依据
L（+）-抗坏血酸总量	mg/100g	4.33	2.15	GB 5009.86—2016（第二法）
可溶性固形物	%	13.2	12.0	NY/T 2637—2014
总酸（以苹果酸计）	g/kg	1.99	0.85	GB/T 12456—2021

续表

检测项目	单位	富锶苹果	普通苹果	检测依据
乳酸	g/kg	<0.25	<0.25	GB 5009.157—2016
丁二酸	g/kg	<1.25	<1.25	GB 5009.157—2016
柠檬酸	g/kg	<0.25	<0.25	GB 5009.157—2016
苹果酸	g/kg	3.7	1.5	GB 5009.157—2016
酒石酸	g/kg	<0.25	<0.25	GB 5009.157—2016
富马酸	g/kg	<0.00125	<0.00125	GB 5009.157—2016
己二酸	g/kg	<0.025	<0.025	GB 5009.157—2016
葡萄糖	g/100g	4.0	3.0	GB 5009.8—2016（第一法）
果糖	g/100g	5.7	5.0	GB 5009.8—2016（第一法）
蔗糖	g/100g	0.83	1.1	GB 5009.8—2016（第一法）
乳糖	g/100g	<0.2	<0.2	GB 5009.8—2016（第一法）
麦芽糖	g/100g	<0.2	<0.2	GB 5009.8—2016（第一法）
水分	g/100g	85.2	85.7	GB 5009.3—2016（第一法）
可溶性膳食纤维	g/100g	0.196	0.209	GB 5009.88—2014
不溶性膳食纤维	g/100g	1.64	1.68	GB 5009.88—2014
总膳食纤维	g/100g	1.84	1.89	GB 5009.88—2014

注：检测样品为未完全成熟果实。

2．沂源"富锶苹果"含锶量高

检测的当地样品包括4个类别：①非"沂源红"品种、非富锶水灌溉；②非"沂源红"品种、富锶水灌溉；③"沂源红"品种、非富锶水灌溉；④"沂源红"品种、富锶水灌溉、基地生产果。结果见表6-7。

表 6-7 "沂源红"富锶苹果与其他品种锶含量检测结果

样品类别	水土类别	锶含量	备注
"沂源红"品种	富锶水灌溉	10.3mg/kg	树叶
	富锶水灌溉	1.66mg/kg	青果
	富锶水灌溉	1.36mg/kg	熟果
非"沂源红"品种	非富锶水灌溉	未检出	青果
	非富锶水灌溉	未检出	青果
	富锶水灌溉	未检出	青果
其他地区典型红富士苹果品种	非富锶水灌溉	未检出	熟果

注：锶检测方法为GB 5009.268—2016第二法。富锶水灌溉"沂源红"品种青果数据参考沂源县检测数据结果。

检测结果分析表明，"沂源红"品种苹果在富锶水灌溉的土壤上生长才具有富集"锶"的表现，结出"富锶苹果"。与国内其他主产区苹果比较，"沂源红"苹果具有显著的"高含锶"特征，锶含量显著高于其他地区苹果。

三、"沂源红"富锶苹果产业提升及品牌打造

沂源县培育出"沂源红"富锶苹果后，采用标准化种

植和生产，建立了标准严格的生产规程，同时在南鲁山镇北流水村建立了标准的果树园区和基地。基地所处区域地势较高，气候温和，具有独特的地理环境（北纬37°）和气候条件，极有利于苹果生长。果实皮薄肉脆、鲜嫩多汁、酸甜可口、香气浓郁，这也使"沂源红"苹果比同期采收的其他红富士品种果实品质更佳，采前无落果，是少有的短枝型红富士苹果品种。

沂源县是全国第八个，也是全国最后一个荣获"中国矿泉水之乡"称号的县，位于沂源县南鲁山镇的北流水村，富锶型矿泉水储量非常丰富，水源均来自176m深的富锶（5.86mg/kg）弱碱（pH7.5～7.8）自流水井。在当地政府规划下，北流水村形成了"党支部+合作社+基地+农户"的脱贫攻坚和产业发展新模式，流转土地2000余亩，建设了高标准"沂源红"矮砧苹果基地，使用富锶水作为灌溉水源，种植出了"沂源红"富锶苹果，被誉为"喝富锶矿泉水长大的苹果"。根据人体每日需摄入1.9mg锶元素计算，一个正常大小的苹果（300g左右）可含锶0.5mg左右，吃一个苹果便可满足25%的锶摄入需求，同时补充维生素、膳食纤维及铁等营养物质。

中华人民共和国农业农村部食物与营养发展研究所富硒农产品研究团队紧紧围绕富硒水资源优势和"沂源红"苹果基地资源，抢抓机遇、科学谋划，为沂源县提出总体规划和部署建议，将连片的北流水村、东流水村、南流水村、车场村、璞邱一村、璞邱二村、璞邱三村、璞邱四村、璞邱五村共9个村联合，率先打造了"流水硒乡"片区，并以"流水硒乡"产业整体布局为依托，大力培育"沂源红"富硒苹果特色产业，创新发展富硒健康农业、品牌农业，取得了良好成效。当地政府探索推行了"党支部+合作社+基地+农户+品牌（富硒农产品）"的发展模式，先后成立了金飞洋合作社等9个合作社，通过合作社积极引导村民进行土地流转，并建设高标准的沂源富硒苹果生产基地，村民实现了致富增收。2020年，9个村的村集体经济收入全部超过5万元，村民人均纯收入1.9万元，其中北流水村村集体经济收入达到30万元，村民人均纯收入2.1万元。

通过前期的基础工作，明确沂源县具有发展硒产业的宝贵资源基础，并具有一定的区域优势，对当地产业振兴发展、区域品牌建设、居民营养健康都会带来有利影响。需要进一步以严谨、科学的思路谋划发展，在深入研究的基础上进行开发。"沂源红"苹果基地引进荷兰碎枝机械、以色列水肥一体化滴灌设备，配套建设沼气池，购置了太阳能杀虫灯，采用绿色防控技术等先进农业生产设备和技术，高标准建成"沂源红"苹果示范园1500亩（1亩=666.7m^2），通过采用水肥管理一体化技术，有效节水节肥60%以上，省工省时80%左右，实现合作社创建模式、"沂源红"品种规模种植、矮砧集约栽培、现代农业管理模式、有机农业生产技术、三产融合等六个示范带动作用。目前，南鲁山镇流水片区内富锶农产品综合开发和利用成效显著。经检测，"沂源红"苹果基地培育的苹果锶含量达到1.36mg/kg，市场价格高达10元/枚，80%高端果品销往济南、青岛、张店等周边城市，并被民革山东省委评为"三农"委员会高效农业示范基地。富锶大榛子的锶含量高达1.06mg/kg，富锶大榛子基地年产值达到1000万元；富锶猕猴桃的锶含量高达1.1mg/kg，年产值310万元；富锶草莓的锶含量高达1.72mg/kg，亩产2000斤，每亩产值可达2万~3万元。发展富锶农产品，极大提高了基地园区亩均产出效益，每年每亩收入是土地流转前的3~4倍。

中华人民共和国农业农村部食物与营养发展研究所（以下简称营养所）富锶农产品研究团队与沂源县人民政府共同完成了《沂源县富锶苹果产业发展报告》，并在2021

乡村振兴大会上发布，大大促进了沂源富锶苹果的品牌打造和推广。2021年10月27日，第十一届山东沂源苹果节开幕，"沂源红"富锶苹果成为本届苹果节宣传推介的主角，其价格也有了明显的提升。下一步，营养所将与沂源县共建富锶产业研究院，在富锶产品挖掘、标准体系建设、健康功效评价等领域加快研究，以科技引领、创新驱动，加快推进沂源富锶农产品标准化、园区化、产业化、品牌化开发，实现"生产端"到"销售端"紧密衔接，增创沂源果业振兴新的增长极，打响"富锶苹果"特色品牌，支撑沂源县乡村振兴的全面推进。

第七章 中国锶产业发展趋势展望

◆ 加强锶产业基础研究

◆ 加速锶产业技术创新

◆ 加快锶产业标准化推进

◆ 加大锶产业政策支持

第一节　加强锶产业基础研究

围绕"锶与人类健康"的主题，运用细胞生物学、分子生物学、基因组学、转录组学、蛋白质组学及代谢组学等技术，开展基础理论研究，研究不同来源、不用类别富锶动植物食物富集锶的能力及机制；研究锶在动植物中发挥的生理生化功能；阐明锶的营养健康功效，开展锶的营养功能评价、锶的摄入风险评估及营养毒理学效应研究；通过研究，构建不同人群"锶精准营养"方案、评价方法及人群数据库。

构建富锶产品营养品质评价方法技术体系，实现产品品质评价评分、根据营养品质分等分级、建立标准体系，实现产品优质优价、优价优品，解决地方富锶产业提质增效问题，支撑并规范市场运行、产业发展、政府监管及消费引导。

第二节　加速锶产业技术创新

创新锶营养检测分析技术、建立新方法体系，开展富锶特色食物营养品质及其特征功能因子分析鉴定；研究锶在不同种类食物中的存在形式及其与其他营养素分子相互作用的关系，以及其形成大分子复合体及分子间聚集机制；在检测分析的基础上，开展富锶食物营养资源调查。摸清全国主要农产品锶资源数量、分布、种类筛选、重金属含量等，构建富锶农产品营养成分数据库，为营养品质评价和分等分级提供数据基础，为高锶产业向纵深发展提供基础保障。

基于锶与人体健康功效基础研究平台的研究成果和检测分析创新平台的数据成果，研发适于不同人群、不同区域的富锶初级农产品、深加工农产品、功能性食品以及保健食品，甚至药品。同时制定产品从种养殖到生产、加工、储藏等各个环节的标准，延长农业产业链、提升价值链、优化供应链、构建利益链，打通富锶功能食物产业在研发、生产、加工、物流等领域的技术环节。

第三节　加快锶产业标准化推进

　　加快制定锶产品相关标准，建设全产业链标准化示范体系，加快富锶特色农产品"三品一标"体系建设；加快富锶产业发展，开展相关科普活动和培训。坚持以消费者需求和富锶产业发展的需要为导向，规划产业发展路径，打造区域品牌和重点产品，积极开展科普和宣传活动，构建具有国际影响力的品牌建设和科普宣传平台。加快科研成果转化和应用示范，构建科研、检测、展示、推广"四位一体"的国家级富锶科技创新、农业技术创新体系。

第四节　加大锶产业政策支持

　　加大政策支持力度，多措并举保护和激发科研、市场、消费者多维主体活力。贯彻落实乡村振兴战略、农业高质量发展、中国食物与营养发展纲要、健康中国等国家战略部署，加大政府对富锶产业发展的支持。

参考文献

［1］樊祥熹. 微量元素与人体健康——人发中锶含量与癌症初探［J］. 现代科学仪器，1998（03）：34.

［2］高学勇，林珊，韩咪莎. 淫羊藿苷对环磷酰胺诱导生精障碍大鼠下丘脑-垂体-睾丸轴的影响［J］. 解剖学杂志，2018，41（02）：147-151.

［3］谷振峰. 山东饮用天然矿泉水及其勘查与保护［J］. 山东地质，2002（Z1）：84-87.

［4］韩松昊，税鹏，余超，等. 中国锶资源现状及可持续发展建议［J］. 科技通报，2018，34（01）：1-5.

［5］洪晓丹，牛辰非，韩英良. 吉林省天然矿泉水资源及其价值研究［J］. 内江科技，2017，38（11）：70-71.

［6］胡莹莹，张琪，马博，等. 果糖二磷酸锶盐对雷公藤多甙所致的大鼠少精子症的治疗作用［J］. 中华男科学杂志，2011，17（05）：396-400.

［7］江峰，吉勤克补子，高峰，等. 贵州省饮用天然矿泉水化学特征及锶型矿泉水分布规律［J］. 地下水，2021，43（02）：17-20.

［8］李海学，程旭学，马岳昆，等. 鄂尔多斯盆地南部马莲河流域地下水中锶富集特征及成因分析［J］. 现代地质，2020：1-11.

［9］李文君，章晓麟，李瑛. 健康人与癌症患者头发中Sr、Mn、Cu、Zn的含量比较［J］. 公安大学学报（自然科学版），2001（04）：1-4.

［10］李忠海，韩丽伟，赵彦涛，等. 不同浓度锶对MC3T3-E1细胞增殖、ALP活性及成骨分化的影响［J］. 中国骨与关节杂志，2016，5（03）：221-225.

［11］梁国荣，黄铭新，黄定九，等. 老年人头发中微量元素含量与遗传、环境因素的初步观察［J］. 老年学杂志，1990（03）：165-168.

［12］陆石基，张学明，熊帅，等. 湖北秭归岩溶流域锶的分布特征与富集规律［J］. 中国地质，2020：1-11.

［13］骆永伟，施畅，杨保华，等. MC004对大鼠睾丸组织结构和酶活力的影响［J］. 毒理学杂志，2009，23（05）：345-348.

［14］吕应梅. 微量元素与人类生殖关系的研究状况［J］. 延安大学学报（医学科学版），2010，8（02）：6-7.

［15］马轶楠. 吉林省优质饮用天然矿泉水特征分析［J］. 吉林地质，2020，39（03）：20-28.

［16］秦俊法，潘伟清. 饮用天然矿泉水的锶限量指标［J］. 广东微量元素科学，2001，8（1）：16-23.

［17］苏宇轩. 承德市典型锶型矿泉水成因的实验研究［D］. 中国地质大学（北京），2020.

［18］王诗扬，卢天丕. 贵州省富锶（Sr）地下水赋存与分布规律探讨［J］. 贵州地质，2018，35（03）：225-232.

［19］王松，王菁华，潘虹，等. 高锶矿泉水研究［J］. 黑龙江科学，2019，10（08）：32-33.

［20］文美霞，郑晓明，周爱国. 湖北省饮用天然矿泉水分布特征与赋存规律研究［J］. 安全与环境工程，2020，27（06）：13-22.

［21］徐桂芬，王威，王小菊，等. 世界锶矿供需形势分析［J］. 国土资源情报，2016（09）：53-58.

［22］杨章贤. 安徽省饮用天然矿泉水类型及分布特征研究［J］. 地下水，2018，40（05）：28-31.

［23］岳帅，宋镇渤，孙文娟，等. 锶抗骨质疏松的作用机制研究［J］. 中国药房，2019，30（05）：717-720.

［24］张家峰，丁宏伟，康亮，等. 甘肃省饮用天然矿泉水类型与分布特征［J］. 甘肃地质，2021，30（02）：70-77.

［25］张建江，王佳，舒为群. 饮水中锶的健康效应和安全水平［J］. 卫生研究，2021，50（04）：686-690+697.

［26］张彦林，李爱军，闫成云，等. 甘肃省矿泉水调查报告［Z］. 2016.

[27] Anderson Martino Andrade, Jaime Mendiola, Dan Weksler-Derri, Irina Mindlis, Rachel Pinotti, and Shanna H. Swan. Temporal trends in sperm count: a systematic review and meta-regression analysis [J]. Human Reproduction Update, 2017, 23(6): 646-659.

[28] Asagiri M, Sato K, Usami T, et al. Autoamplification of NFATc1 expression determines its essential role in bone homeostasis [J]. Journal of experimental medicine, 2005, 202(9): 1261-1269.

[29] Bing Cao, Yan Chen, Joshua Rosenbaltc, Roger McIntyrec, Dongliang Wang, Lailai Yan. Association of alkali metals and Alkaline-earth metals with the risk of schizophrenia in a Chinese population: A Case-Control study. Journal of Trace Elements in Medicine and Biology, 2020, 60: 126478.

[30] Bryant F J, Chamberlain A C, Spicer G S and Webb M S W. Strontium in diet [J]. Management of undescended testis, 1958: 1371-1375.

[31] Chattopadhyay N, Quinn S J, Kifor O, et al. The calcium-sensing receptor (CaR) is involved in strontium ranelate-induced osteoblast proliferation [J]. Biochemical pharmacology, 2007, 74(3): 438-447.

[32] Cheng Y, Huang L, Wang Y, et al. Strontium promotes osteogenic differentiation by activating autophagy via the the AMPK/mTOR signaling pathway in MC3T3-E1 cells [J]. International journal of molecular medicine, 2019, 44(2): 652-660.

[33] Choudhary S, Halbout P, Alander C, et al. Strontium ranelate promotes osteoblastic differentiation and mineralization of murine bone marrow stromal cells: Involvement of prostaglandins [J]. journal of bone and mineral research, 2007, 22(7): 1002-1010.

[34] Clara I., Marin-Briggiler, Monica H., Vazquez-Levin, Fernanda Gonzalez-Echeverri, Jorge A., Blaquier Jorge G., Tezon, and Patricia V. Strontium Supports Human Sperm Capacitation but Not Follicular Fluid-InducedAcrosome Reaction [J]. Biology of reproduction, 1999, 61: 673-680.

[35] Crabtree G R, Olson E N. NFAT signaling: Choreographing the social lives of cells [J]. CELL, 2002, 109S: S67-S79.

[36] Cui X, Zhang Y, Wang J, et al. Strontium modulates osteogenic activity of bone cement composed of bioactive borosilicate glass particles by activating Wnt/β–catenin signaling pathway [J]. Bioactive Materials, 2020, 5 (2): 334-347.

[37] Curtis E M, Cooper C, Harvey N C. Cardiovascular safety of calcium, magnesium and strontium: what does the evidence say? Aging Clinical Experimental Research, 2021, 33 (3): 479-494.

[38] Dawson E B, Frey M J, Moore T D, et al. Relationship of metal metabolism to vascular disease mortality rates in Texas [J]. The American journal of clinical nutrition, 1978, 31 (7): 1-8.

[39] Dean B, Lam L Q, Scarr E, et al. Cortical biometals: Changed levels in suicide and with mood disorders [J]. Journal of Affective Disorders, 2019, 243: 539-544.

[40] Donohoe P H, Fahlman C S, Bickler P E, et al. Neuroprotection and intracellular Ca^{2+} modulation with fructose-1, 6-bisphosphate during in vitro hypoxia-ischemia involves phospholipase C-dependent signaling [J]. Brain Res, 2001, 917 (2): 158-166.

[41] European Medicines Agency Recommends That Protelos/Osseor Remain Available But With Further Restrictions [Z]. Athena Information Solutions Pvt. Ltd, 2014.

[42] Fang D, Hawke D, Zheng Y, et al. Phosphorylation of beta-catenin by AKT promotes beta-catenin transcriptional activity [J]. Journal of biological chemistry, 2007, 282 (15): 11221-11229.

[43] Fromigue O, Hay E, Barbara A, et al. Essential Role of Nuclear Factor of Activated T Cells (NFAT) -mediated Wnt Signaling in Osteoblast Differentiation Induced by Strontium Ranelate [J]. Journal of biological chemistry, 2010, 285 (33): 25251-25258.

[44] Ground Water Quality Standard for Strontium. New Jersey Department of Environmental Protection, Water Monitoring and Standards Bureau of Environmental Analysis, Restoration and Standards, CASRN# 7440-24-6, 2015.

[45] Hahn G S. Strontium Is a Potent and Selective Inhibitor of Sensory Irritation [J]. Dermatologic surgery, 1999, 25 (9): 689-694.

[46] Hao P, Feifei Y, Shuang X, et al. Strontium in public drinking water and associated public health risks in Chinese cities [J]. Environmental Science and Pollution Research, 2021 (prepublish): 23048-23059.

[47] He F, Lu T, Feng S, et al. Alliance of gallium and strontium potently mediates the osteoclastic and osteogenic activities of β-tricalcium phosphate bioceramic scaffolds [J]. Chemical Engineering Journal, 2021, 412: 128709.

[48] Hendrych M, Olejnickova V, Novakova M. Calcium versus strontium handling by the heart muscle. Gen Physiol Biophys, 2016, 35 (1): 13-23.

[49] Hogan P G, Chen L, Nardone J, et al. Transcriptional regulation by calcium, calcineurin, and NFAT [J]. Genes & Development, 2003, 17 (18): 2205-2232.

[50] Huang Z M, Cheng S L, Slatopolsky E. Sustained activation of the extracellular signal-regulated kinase pathway is required for extracellular calcium stimulation of human osteoblast proliferation [J]. Journal of biological chemistry, 2001, 276 (24): 21351-21358.

[51] Hueper W C. Environmental carcinogenesis and cancers. [J]. Cancer research, 1961, 21: 842-857.

[52] Icgen B, Yilmaz F. Biosorption of Strontium from Aqueous Solutions by *Micrococcus luteus* [J]. Sr. Geomicrobiology, 2018, 35 (4): 284-293.

[53] Jan Aasetha, Georges Boivinb, Ole Andersend. Osteoporosis and trace elements – An overview [J]. Journal of Trace Elements in Medicine and Biology, 2012 (26): 149-152.

[54] Ji Yan-Qin, Hu Yan-Tao, Tian Qing, et al. Biosorption of Strontium Ions by Magnetically Modified Yeast Cells [J]. Separation paration science and technology, 2010, 45 (10): 1499-1504.

[55] Jia L, Yan-Ling L, Wen-Qiang R, et al. Increased depression risk for elderly women with high blood levels of strontium and barium [J]. Environmental Chemistry Letters, 2021 (prepublish): 110-120.

[56] Khalid S, Sanni Ali M, Hawley S, et al. Osteoporosis and metabolic bone

disease, comparative risk of venous thromboembolism among users of different anti-osteoporosis among users of different anti-osteoporosis drugs in the UK national health service and in catalonia, Spain: a propensity-matched cohort study [J]. Rheumatology (Oxford, England), 2017: 56 (suppl_2).

[57] Kim J H, Liu X, Wang J, et al. Wnt signaling in bone formation and its therapeutic potential for bone diseases [J]. Therapeutic advances in musculoskeletal disease, 2013, 5 (1): 13-31.

[58] Koga T, Matsui Y, Asagiri M, et al. NFAT and Osterix cooperatively regulate bone formation [J]. Nature medicine, 2005, 11 (8): 880-885.

[59] Kolodziejska B, Stepien N, Kolmas J. The influence of strontium on bone tissue metabolism and its application in osteoporosis treatment [J]. International journal of molecular medicine, 2021, 22 (12): 6564.

[60] Konosuke Okada1, Chiara Palmieri, Leonardo Della Salda. Viability, acrosome morphology and fertilizing capacity of boar spermatozoa treated with strontium chloride [J]. Zygote, 2008, 16 (1): 49-56.

[61] L S L, P A M, P L B. Investigation of the potential carcinogenicity of a range of chromium containing materials on rat lung. [J]. British Journal of Industrial Medicine, 1986, 43 (4): 243-256.

[62] Liangkai C, Qianqian G, Qiang W, et al. Association between plasma strontium, a bone-seeking element, and type 2 diabetes mellitus [J]. Clinical Nutrition, 2020, 39 (7): 2151-2157.

[63] Lin K, Xia L, Li H, et al. Enhanced osteoporotic bone regeneration by strontium-substituted calcium silicate bioactive ceramics [J]. Biomaterials, 2013, 34 (38): 10028-10042.

[64] Maehira F, Ishimine N, Miyagi I, et al. Anti-diabetic effects including diabetic nephropathy of anti-osteoporotic trace minerals on diabetic mice [J]. Nutrition, 2011, 27 (4): 488-495.

[65] Marcus C S, Lengemann F W. Absorption of Ca45 and Sr85 from solid and liquid food at various levels of the alimentary tract of the rat [J]. J Nutr., 1962, 77: 155-60.

[66] Marie P J, Ammann P, Boivin P, Rey C. Mechanisms of action and therapeutic potential of strontium in bone [J]. Calcif Tissue Int, 2001, 69: 121-9.

[67] Marx D, Rahimnejad Yazdi A, Papini M, Towler M. A review of the latest insights into the mechanism of action of strontium in bone [J]. Bone Report, 2020, 12: 100273.

[68] Mosaddad S A, Yazdanian M, Tebyanian H, et al. Fabrication and properties of developed Collagen/Strontium-doped Bioglass scaffolds for bone tissue engineering [J]. Journal of Materials Research and Technology, 2020 (prepublish): 14799-14817.

[69] Nielsen S P. The biological role of strontium [J]. Bone, 2004, 35 (3): 583-588.

[70] Peng S, Zhou G, Luk K D K, et al. Strontium Promotes Osteogenic Differentiation of Mesenchymal Stem Cells Through the Ras/MAPK Signaling Pathway [J]. Cellular physiology and biochemistry, 2009, 23 (1-3): 165-174.

[71] Pilmane M, Salma-Ancane K, Loca D, et al. Strontium and strontium ranelate: Historical review of some of their functions [J]. Materials Science and Engineering: C, 2017, 78: 1222-1230.

[72] Reginster J Y, Seeman E, De Vernejoul M C, et al. Strontium ranelate reduces the risk of nonvertebral fractures in postmenopausal women with osteoporosis: Treatment of Peripheral Osteoporosis (TROPOS) study [J]. Journal of clinical endocrinology & metabolism, 2005, 90 (5): 2816-2822.

[73] Reginster J Y. Cardiac concerns associated with strontium ranelate. Expert Opin Drug Saf, 2014, 13 (9): 1209-13.

[74] Rosenthal H L, Cochran O A, Eves M M. Strontium content of mammalian bone, diet and excreta [J]. Environmental Research, 1972, 5 (2): 182-191.

[75] Rybchyn M S, Slater M, Conigrave A D, et al. An Akt-dependent Increase in Canonical Wnt Signaling and a Decrease in Sclerostin Protein Levels Are Involved in Strontium Ranelate-induced Osteogenic Effects in Human Osteoblasts [J]. Journal of biological chemistry, 2011, 286 (27): 23771-23779.

[76] Schroeder H A, Tipton I H, Nason A P. Trace metals in man: strontium and barium [J]. Journal of chronic diseases, 1972, 25 (9): 491-517.

[77] Seltzer J L, Jeffrey J J, Eisen A Z. The Effects of Strontium and Calcium on Mammalian Collagenases [M]. Handbook of Stable Strontium, Skoryna S C, Boston, MA: Springer US, 1981: 479-487.

[78] Sips A, Wijgh V, Barto R, et al. Intestinal strontium absorption: from bioavailability to validation of a simple test representative for intestinal calcium absorption. Clinical Chemistry, 1995, 41 (10): 1446-1450.

[79] Strontium in Drinking Water – Guideline Technical Document for Public Consultation. Prepared by the Federal-Provincial-Territorial Committee on Drinking Water. 2018.

[80] Sun Y, Liu X, Tan J, et al. Strontium ranelate incorporated 3D porous sulfonated PEEK simulating MC3T3-E1 cell differentiation [J]. Regenerative Biomaterials, 2021, 8 (1): 1-9.

[81] Takahashi Y, Kondo K, Ishikawa S, et al. Microscopic analysis of the chromium content in the chromium-induced malignant and premalignant bronchial lesions of the rat. [J]. Environmental research, 2005, 99 (2): 267-272.

[82] Tang Y, Xia W, Xu SQ, et al. Association of Urinary Strontium Levels with Pregnancy-induced Hypertension [J]. Curr Med Sci., 2021, 41 (3): 535-541.

[83] Usuda K, Kono K, Dote T, et al. Survey of strontium in mineral waters sold in Japan: relations of strontium to other minerals and evaluation of mineral water as a possible dietary source of strontium [J]. Biological trace element research, 2006, 112 (1): 77-86.

[84] Vandana U, Nancy D, Sabareeswaran A, et al. Biocompatibility of strontium incorporated ceramic coated titanium oxide implant indented for orthopaedic applications [J]. Materials Science and Engineering: B, 2021: 264.

[85] Walter E C, Iris S, Marc E, De Broe M D P D, et al. Strontium and Bone [J]. Journal of Bone and Mineral Research, 1999, 14 (5): 661-668.

[86] Wan B, Wang R, Sun Y, et al. Building Osteogenic Microenvironments With Strontium-Substituted Calcium Phosphate Ceramics [J]. Frontiers in

Bioengineering and Biotechnology, 2020: 591467.

[87] Wang W, Yeung K W K. Bone grafts and biomaterials substitutes for bone defect repair: A review [J]. Bioactive Materials, 2017, 2 (4): 224-247.

[88] Wisconsin Strontium Levels Among Highest in U.S. Drinking Water Supplies. https://www.wuwm.com/environment/2016-03-13/wisconsin- strontium-levels-among-highest-in-u-s-drinking-water-supplies. [2016-3-13].

[89] Xu-Friedman M A, Regehr W G. Probing Fundamental Aspects of Synaptic Transmission with Strontium [J]. The Journal of neuroscience, 2000, 20 (12): 4414-4422.

[90] Yamauchi M, Yamaguchi T, Kaji H, et al. Involvement of calcium-sensing receptor in osteoblastic differentiation of mouse MC3T3-E1 cells [J]. American journal of physiology-endocrinology and metabolism, 2005, 288 (3): E608-E616.

[91] Yu M, Liu L, Liu C, et al. Urinary biomarker of strontium exposure is positively associated with semen quality among men from an infertility clinic [J]. Ecotoxicology and Environmental Safety, 2021: 208.

[92] Zhang S, Dong Y, Chen M, Xu Y, Ping J, Chen W, Liang W. Recent developments in strontium-based biocomposites for bone regeneration [J]. Journal of artificial organ, 2020, 23 (3): 191-202.